北区望海楼社区中山路菜市场　　　　南开区美丽菜市场林苑店　　　　东丽区新立菜市场

　　王乐然，男，汉族，1963年8月出生于天津市，高级经济师，天津市乐业集团创始人。担任天津市菜市场经营服务行业协会会长、民建天津市直属工委会员、民建天津市委社情民意委员会副主任、天津市众心（西青）拥军协会常务副会长、天津市进出口商会副会长、天津市消费流通促进会副会长等社会职务。先后获得了"津门十大孝子"、中央电视台农业频道"十大致富榜样"等荣誉称号。

　　作为乐业集团的创始人，王乐然将民生需求与企业发展相结合，始终坚持"利他经营、以服务商户为信仰"的企业精神及"环境设计人文化、市场管理标准化、业态便利多样化、管控数据智慧化"的标准，以打造世界一流菜市场为愿景，以服务民生、提升行业标准为使命，深耕菜市场行业三十余年。集团旗下菜市场历经四代变革，见证了天津市菜市场的发展历程。

　　以王乐然为领导的乐业集团是全国知名的标准化菜市场建设与管理企业，其以为善真理、依法治理、良心管理、铁腕打理、关系处理、巧用心理、感情入理、正气道理为精神内核，不断改革、创新经营管理模式，打造了一支管理菜市场的专业化服务团队，日益成为中国菜市场行业的一面旗帜。

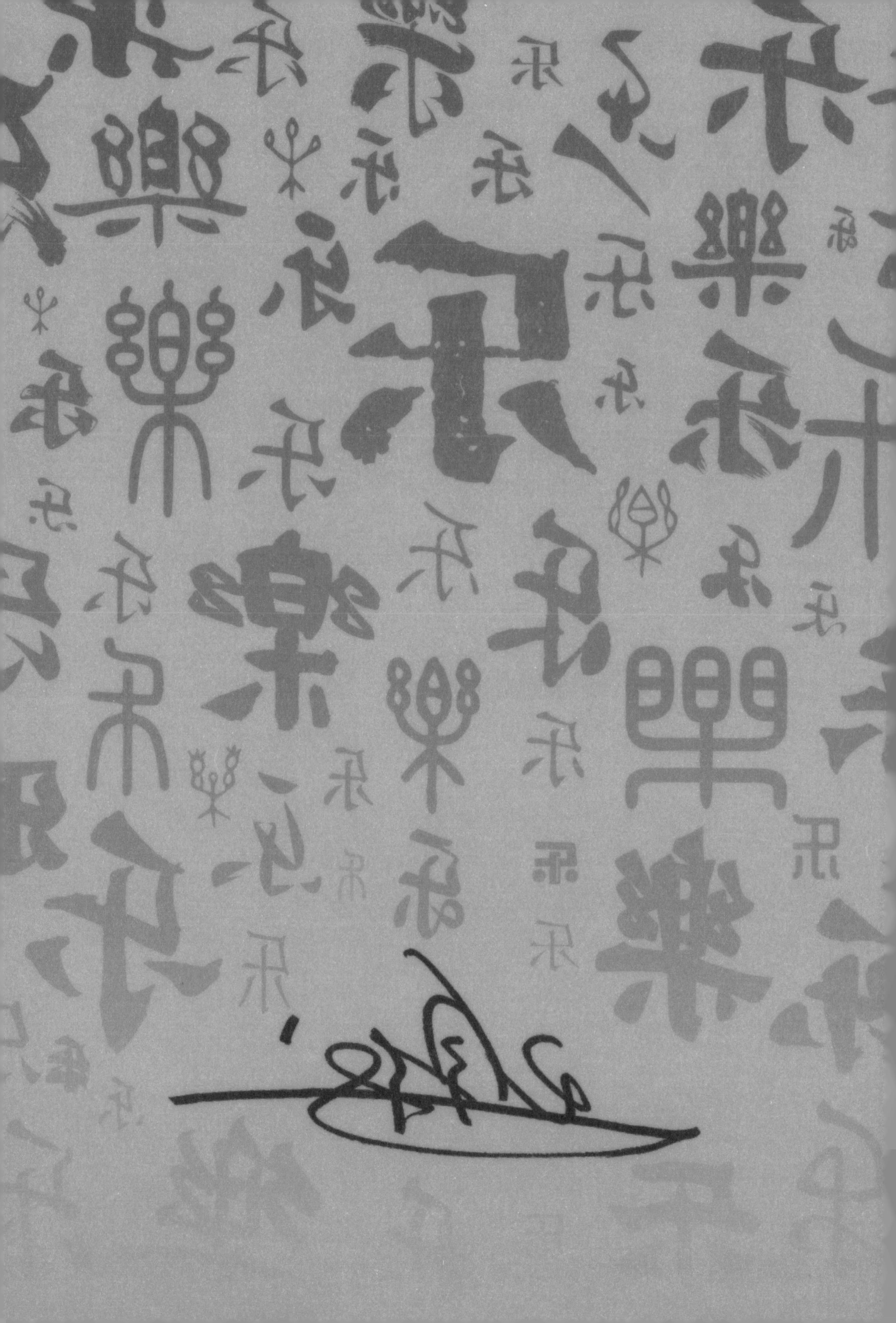

菜市场
建设与管理

专注菜市场三十年
打造全国一流菜市场

王乐然 著

中国商业出版社

图书在版编目（ＣＩＰ）数据

菜市场建设与管理：专注菜市场三十年　打造全国一流菜市场 / 王乐然著. -- 北京：中国商业出版社，2023.12
　ISBN 978-7-5208-2836-9

　Ⅰ．①菜… Ⅱ．①王… Ⅲ．①蔬菜市场－市场管理－研究－中国 Ⅳ．①F323.7

中国国家版本馆CIP数据核字（2023）第247346号

责任编辑：袁　娜

中国商业出版社出版发行

（www.zgsycb.com　　100053　　北京广安门内报国寺1号）
总编室：010-63180647　　编辑室：010-83128926
发行部：010-83120835/8286
新华书店经销
天津中铁物资印业有限公司印刷

＊

787毫米×1092毫米　16开　17.5印张　280千字
2023年12月第1版　2023年12月第1次印刷
定价：168.00元

＊　＊　＊　＊

（如有印装质量问题可更换）

【以服务商户为信仰】 王乐然

怎样才可以"无我地"将我拥有的知识和与菜市场相关的阅历升华到可以成就更多想做菜市场的人呢?

PREAMBLE

【序言】

乐业 集团
LE YE GROUP
打造全国一流菜市场
中国·天津
专注菜市场三十年

津门菜篮子掌门人——王乐然

赵泽琨
中央国家机关行业协会商会第四联合党委书记
中视协对农电视委员会会长

　　白色的拱顶造型，绿色的市场名字，整洁美观的大门，出出进进的人流，这就是天津南开区美丽菜市场林苑店。

　　走进市场，眼前呈现的是一片繁忙的交易景象。新鲜绿色的蔬菜，活蹦乱跳的水产品，各种各样的水果、干货调料、日用小商品，甚至小家电维修等，应有尽有……这个菜市场有199个商铺，占地3600多平方米，是一座现代标准化市场。这里不再是过去我们看到的所有商品混在一起、杂乱无章的传统市场，而是精准地划分区域、分门类、布局合理、业态科学的综合市场，餐桌上的商品也都是菜肉分开，生熟分置。那天，乐业集团创始人王乐然陪同我们参观学习，指着设备齐全的市场介绍，十分平和地说："这是乐业集团第三代菜市场，欢迎你们提出批评意见！"

　　认识王乐然，还是在几年前，当时我们央视农业农村频道《致富经》栏目推介年度十佳致富榜样，王乐然因为故事感人、乐于奉献的精神而高票当选。在颁奖典礼上，虽

然他已是名气很大的老板，但他的话语却很谦虚。"我就是一个卖菜的，没有啥惊天动地的故事，就是热爱生活，我做的事就是在天津由一个菜市场逐渐建成了今天的15个菜市场，方便了上百万居民生活，解决了三千多人就业，也让几百人成为菜老板。"

后来，我与乐然来往多了起来，我们一起去非洲考察，一路考察交流，留下了美好记忆。到天津出差时，我特意留出时间专门调研过他的菜市场，探寻他和他的菜市场王国的经营之道。他不仅是做市场，而且还做市场里面的文化，比如他的菜市场有自行车博物馆、儿童玩具博物馆、电影博物馆、菜市场历史博物馆、读书角等，这在全国乃至全世界都是独树一帜的。

乐然坐在我旁边，我们面对面聊天，乐然为人和善，说话亲切。他身材适中，不胖不瘦，白净的脸上时常带着笑意，唯独一双眼睛特别坚毅有神，看得出来他是一个很能够管理好自己的人。他说，创业的路上谁都有坎坷和挫折。他最早开过饭馆，做过小生意，办过公司，赔赚经历都有过，人生的经验就是在不断的积累中渐渐丰富。

乐然是个爱读书爱思考的人。他是天津人，在看到天津菜市场相对落后，急需改造提升时，他便义无反顾地迈进了菜市场的这个行当。开办菜市场，他的信念是利百姓方便、利商户赢利、利企业创新，他认定了这条路便一头扎了进去，在坚守中要创新，在创新中求发展，一干就是三十年。岁月蹉跎，在市场建设的过程中，他对人生、对市场有了更多感悟和经验，这次汇编成册的《菜市场建设与管理》，可以说是他多年以来的创业史，也是一步一步走过来的发展史，更是他心系城乡的服务史和经验思考的思想史。这本书里面有不少让人读来感触颇深的归纳总结，许多感触富有人生哲理，比如，他总结的企业精神——乐业集团八理：为善真理、依法治理、良心管理、铁腕打理、关系处理、巧用心理、感情入理、正气道理。每句理中又有八条实实在在的具体表达，其内容丰富，条理清晰，具有独到的见解，看后顿觉茅塞顿开，神清气爽，有豁然开朗之感，书里还有不少堪称完美金句，入情入理，让人感觉他不仅是在讲市场，也在讲人生、讲哲理。

大家知道，民以食为天，谁都离不开米袋子、菜篮子，农产品市场是经济的晴雨表，也时常牵动着社会的敏感神经，在大城市做好菜篮子供应，政府有责，百姓关注，是件天大的事。乐然，为建设天津菜市场付出了许多心血和汗水。

仁者乐山，智者乐水，君子安贫乐道，这"三乐"是中国历代文人雅士之求，"三乐"之魂重在一个"道"字，而非身外之物。乐然经营他的菜市场，其实追求的也是"三乐"：一乐利百姓方便；二乐利商户赢利；三乐利企业创新。这"三乐"更实在，难怪天津市的领导和百姓提起他，都一致给予点赞。

2022年7月于北京

序言

华章传睿思　乐品民生路

李胜利
天津市商务委员会原巡视员、常务副主任

　　我虽与《菜市场建设与管理》样书刚刚谋面，但这本书的专业性激起了我一吐为快的兴奋之情。王乐然从菜市场"迈步"，伴菜市场前行，又因菜市场获得人生中的诸多阶梯，不得不说，这是他数十载坚守"匠心"的原因，同时也是这部极具实用性的书籍得以在一位菜市场经营者手中诞生的原因。本书不仅为我国菜市场的建设与经营提供了一本兼具业务实操与企业文化价值的教材，也为社会认知"菜市场"这一商业业态开辟了一个既熟悉又有神秘感的"窗口"。

　　不得不说，《菜市场建设与管理》一书不仅是王乐然多年菜市场经营之路的心泉流韵，更承载了王乐然和乐业集团与天津市民生建设的不解之缘。

　　我对王乐然和乐业集团的认识，源于2016年之前我在原天津市商务委员会（以下简称市商务委）工作之时。当时我分管"内贸"工作，市政府把菜市场建设列入每年度"20件实事"之一，所以市商务委把菜市场的布局、建设、提升改造当作一项重点的工作来抓。乐业集团旗下管理的菜市场作为比较优秀的项目，引起了我的关注。我曾两度现场考察乐然同志开办的菜市场，并把他们的管理经验和做法作为典型向全市推广，为天津加快菜市场规范性建设提供了宝贵的经验，实践证明，当时这个典型抓对了。

　　为了规范菜市场建设，使其更加合理、科学、有序、健康地发展，让这项民心工程行之有效、授惠于民。天津市以立法的形式由市人民代表大会制订并出台了《标准化菜市场

建设与管理规范》，使菜市场建设有法可依、有章可循。作为1400多万人口的超大城市，菜市场是离老百姓最近的商业业态，是社区必备的商业设施，社会和投资者都给予了高度关注。为了把《标准化菜市场建设与管理规范》落实到位，整合和聚集社会资源，建设具有中国特色的标准化、现代化菜市场，成立社团组织，发挥社团力量是大势所趋。

在这一大背景下，本人亲自倡导并推动成立了全国第一家菜市场行业协会——"天津市菜市场经营服务行业协会"。乐然同志作为天津市菜市场龙头企业的优秀代表依法当选为首届会长，协会的成立为推动天津菜市场的健康发展产生了积极作用，实践已经证明了这一点。

乐然同志对菜市场的建设有一股执着的韧劲儿、刻苦的钻劲儿、敢为人先的闯劲儿，其开放的眼界、浓浓的乡情，使市场的文化品位更具天津特色。

他办事执着，从业几十年，无论遇到什么困难和坎坷，都能坚韧不拔地走下去，从《菜市场建设与管理》一书便可感受到他的艰辛和不易。他刻苦钻研，虽然从摆地摊儿开始迈出人生事业之路，但正是因为他把菜市场建设当成专业，把社会历练当成大课堂，把人情百态当作参考书……去学习、去研究，用大量的心思收集古今中外的菜市场管理资料，以中国的实际国情加以分析、实践、总结，才形成了一套符合国情民意的菜市场建设理论，可见用心良苦、入木三分。

他敢为人先，对传统意义的菜市场模式进行改造，与时俱进，给菜市场增加了许多新的业态，使其更加符合中国老百姓的菜篮子需求，这种"接地气"的做法也成就了当今菜市场建设的不断发展与壮大。

他有开放的眼界，博采众长的意识。菜市场建设在中外没有现成的教科书，无论是在国内出差还是出国考察、旅游，他首要的"打卡"地就是当地的菜市场，他认真学习中外菜市场建设的实际经验和做法，并加以研究吸收，将一些经典的做法运用到天津菜市场建设与管理之中。有些案例在他的书中就有体现。

他有浓浓的乡情，生于斯长于斯，更会爱于斯献于斯，于是，乐然同志创建的菜市场便拥有了非同一般的温度。他深知老百姓过日子想什么、菜篮子里缺什么，他用菜市场疏解了老百姓日常生活的所思所想。乐然同志在市场运营过程中，还积极配合市政府做了许多公益事项，把大爱体现到社会责任与担当上。

他有市场化格局，乐然同志做菜市场完全按照市场化原则，遵循市场化规律，打造和培育老百姓喜闻乐见的菜市场业态和经营模式，调动老百姓消费的热情，从而激活经营，使其充满消费活力，为菜市场持续健康发展蓄势储能，而市场化则是菜市场持续健康发展建设的必由之路。

他有文化品位，在做菜市场的过程中，乐然同志把人生感悟与经营理念有机结合，形成了自己的一些独特思路，并用这种思路来指导实践，这就是企业文化。同时，他还创造了一套符合菜市场经营发展特点的企业管理模式，并把自己的多年实践活动汇编成书，这是一种文化价值。当然，这更是一种情怀、一种责任、一种对这座城市的浓浓情愫。

2023年9月

乐为百姓菜篮子

孙凤年
天津市人民政府宗教事务局原局长

在我的朋友里，提到王乐然的大名儿，很多人可能都不知道是谁，但一提到"乐乐"，人们马上就对上号——乐乐，名如其人，乐观豁达、乐善好施、乐于助人。乐，是他的天性。

我认识乐乐很多年了，他当时还在小白楼镇江道开餐馆，就叫"乐乐餐厅"。1996年，他将天津地毯三厂承包改建为乐乐家具展销馆，后为响应市政府号召，解决商贩占路经营和老百姓"菜篮子"工程，他率先在河西区创办了三水道菜市场，因管理有序，菜市场颇受百姓欢迎，后又应有关区商委的请求，在河北区、南开区、东丽区创办了多家菜市场。如今，他把全部精力投入到菜市场的开发运营上，将乐业集团多家菜场科学规范性地建成全国一流菜市场，成为天津这座城市民生工程中的一个符号。

乐乐的菜市场不走寻常路。一个鲜明的标志就是把文化植入消费环境中，营造出轻松愉悦的购物氛围。乐乐笃定，"菜篮子里有文化"，乐业集团旗下的菜市场都各具特色，配套有天津菜市场主题博物馆、自行车博物馆、紫砂博物馆、老爷车博物馆等，卖

菜的、买菜的、闲逛的，都可以在这里享受别样的乐趣。

除了文化建设，乐乐也致力于标准建设，他认为菜市场应该有个相对规范的标准，为此，他做了多年的研究探索。

这本《菜市场建设与管理》，就是他多年实践经验的凝练，我们欣喜地看到，这是一个"以民为本"的标准化体系，且贯穿了市场规则和法制原则，首次提出了"环境设计人文化、市场管理标准化、业态便利多样化、管控数据智慧化"的"四化"标准，实属难能可贵，菜篮子也是百姓的命根子，这个标准化体系若能推广，当是民生之福。

十五年前，乐乐就跟我说过，他要退休了，我笑着说不可能，因为他骨子里是个闲不住的人，满脑子都是"菜篮子"，这些年，乐业集团也经历了风风雨雨，但都挺过来了，且菜市场越做越精彩纷呈，《菜市场建设与管理》这本书的出版，就是乐乐的"再出发宣言"。

2022年2月10日

"乐" 遍津门　　"乐" 走全国

李广文
天津市委统战部原副部长
市工商联书记

　　乐业集团成立以来，历经三十余年磨砺，始终坚持"利他经营""良心管理""依法治场"等理念，打造出了全国一流的菜市场。他先后在天津各区建立了16家总规模近十万平方米的大型标准化菜市场，满足了周边居民日常生活购物买菜的需求，实现了便民第一"乐"；通过优选诚信商家和优质品种，实现了居民放心购买的第二"乐"；采取了日检、批检加抽检相结合的质检、安检、卫检制度，打造出了公平良好的购物环境，实现了消费者舒心的第三"乐"；运用大数据管理，掌握市场需求变化，及时与场内商家沟通，实现了经营者的第四"乐"；通过将心比心和感情投入赢得了全体员工的信任和忠诚，实现了与企业"同生共存"发展的第五"乐"；特别是多年来坚持招收聘用退役军人，任职企业市场管理核心团队，以行动落实拥军政策，实现了老兵的"乐在其中"。

　　在众多"乐"中企业不断发展壮大，让津门"乐业"走出去，"乐"向全国。

2022年4月于天津

扎根"菜市场" 敬业又乐业

石玉颖
天津市政协副秘书长
民建天津市委会副主委
天津市市场监管委原副主任
天津市原工商局副局长

"我没有野心，但是我有希望！我有极度的耐心和毅力，并且一直深信明天会更好！"

与乐然结识近二十年，他曾对我说过的这句话，如今竟然还是那般清晰。或许是因为他所做的事业与这座城市及城市中的生活联系得过于紧密，或许是因为这位老相识的性格如同他的名字一般"乐乐"，或许是因为眼前的这本由他著的《菜市场建设与管理》，我不禁想到了我们交往的一景一幕，也在脑际中出现了一条路，那是天津市民的生活之路，是天津商业发展的前行之路。

2005年6月，我俩在五大道的一个场合首次见面，当时我还是天津市工商行政管理局副局长，他已经在菜市场行业崭露头角。因工作关系，我见证了他带领乐业集团一路

"披荆斩棘",不断拓展事业版图的辉煌历程,更为菜市场行业树立起一根坚实的标杆。如今,他又用这样一本《菜市场建设与管理》,为同行以及所有希望致力于菜市场行业的朋友送去一份厚礼。

无疑,这份厚礼是乐然数十载心血浇筑的经验总结,更是无数次"交学费"后的"避坑宝典"。一座城市前行的脚步,离不开勇于开拓的先行身影,离不开步步铿锵、稳扎稳打的耕耘身影,恰恰乐然兼备着以上这两种角色。

菜市场不仅与百姓生活息息相关,更是展示一个城市发展水平的窗口。乐业集团旗下的菜市场,特色鲜明,管理规范,将文化与烟火气相结合,让传统行业与科技链接,"软硬兼施"用标准"倒逼"管理提升,可以说在天津市乃至全国都独树一帜。

无论是生活还是工作,执着与匠心成了他的优秀品质,更是乐业集团能够在商海沉浮中乘风破浪,如今成为我市城市文化特殊风景的原因所在。

回忆与乐然和乐业集团发展之路上的数次交往,他身上的特殊劲头儿,无疑是他的魅力所在。只要是跟菜市场有关的,无论多困难,他都会通过努力与坚持,不达目的不罢休。特别是对待商户的需求,更是如此。他可能为了一个商户的食品安全许可证事宜,找到我帮助协调;也可能为了商户的某些事情,找到所属区的区长……对待他的商户,他总是用情用意。他的乐业之路无不沁润着本真的暖意,他总说:"我最大的乐趣,就是让我的商户赚钱。"我想这源自于他内心对于这份事业、这个行业及其商户的热爱。

任何一条通途大道的诞生都是在无数次的拆与扩、整与建中不断完善的,菜市场行业同样如此,无论是广大经营者还是行业管理者,除了需要恒心之外,还要有面对挫败的乐观心态,更要有从头再来的勇气与决心。

建设菜市场的过程非常艰辛,但乐然常是以乐观的心态来对待。那个年代,很多行业均是"摸着石头过河",大家在失败中总结经验,在积累中阔步前行。曾几何时,面对已初具规模的菜市场,因城市规划、政策调整等原因需要拆除,乐然从未向政府要求过补偿,更没有发过半点牢骚。用他的话讲:"当时建是需要,如今拆也是需要,让我拆的时候,我总想让我建的时候,而且我还要感谢让我拆的部门和领导,因为他们促使我提升水平了。"

《菜市场建设与管理》凝结了乐然三十多年的菜市场行业从业经验,实操性极强,同样也饱含着他对这个行业的认知以及希望该行业发展越来越好的期许。近几年方知,我俩都是民建会员,这又增加了几分亲近感。2022年,乐然荣任民建天津市委会社情民意委员会副主任,我深信他能出色履职,在其领域内用自己的专业不断提升民生服务质量水平,更希望他和他的乐业集团为天津市的经济社会发展作出更大的贡献!

2023年3月

写在《菜市场建设与管理》付梓之际

康凤海

  几次听乐乐说起，他亲自写了一本关于菜市场建设与管理的书，内心充满好奇与期待，当某日洋洋洒洒十三万字的《菜市场建设与管理》呈现在我面前时，我还是被乐乐这一不寻常之举震动了。先在百度搜寻一番，看到此类著作不多，内容也比较单一，相比较来说，这本《菜市场建设与管理》更具有国际视野与中国眼光，专业性与实操性兼具，更难得的是，乐乐将积淀了三十多年菜市场建设管理的思考、理念、实践归纳总结，全盘托出，很具实操性，也展现了他的胸怀与诚恳。书若其人，翻看着书籍，历史画面仿佛穿越而来……

  乐乐自18岁从国企辞职创业已逾42年，其中专注于菜市场建设管理达三十年之久。我与乐乐亦友亦兄近四十年之久，可以说见证了乐乐创业路上的风风雨雨、摸爬滚打。乐乐在创业之路上不断开拓，不断走向新的成功，成为天津市菜市场行业的领军人物，成为天津市乃至全国菜市场建设管理行业的标志性人物，这既有时代大潮的助推与选择，也有个人宝贵特质所起的重要作用。

　　乐乐可以说是时代大潮的弄潮儿。乐乐16岁进入国企，18岁辞职走上创业之路，自此投身于改革开放的大潮。在那个时代，人们都千方百计地进国企，更以国企身份为荣，端上铁饭碗才心安。乐乐却敢于自己打破铁饭碗，选择下海创业，可见其胆识与魄力。老天津人都知道当年镇江道的"洋货市场"，可以说那是天津改革开放大潮的一个浓墨重彩的缩影，就在那个熙熙攘攘的大市场，很多人的思想观念实现了蜕变与飞跃，那里诞生了天津市第一批民营企业家和几个知名的民营企业品牌。回想当年，其中也有乐乐热情揽客的声音，至今仿佛依旧在耳边回荡。当年乐乐创业成功的第一个标志，就是在寸土寸金的小白楼商圈，砸重金购买了一个小洋楼，开办"乐乐餐厅"，它在人来人往的市场如金鸡独立，现在想来，在当时也极具象征性。随着市场经济的发展，大批国营企业关停并转，下岗职工吃饭难，养家糊口难，于是在一段时间内，许多下岗职工在路边、胡同拉起一条条绳子，挂上衣服等各种物品开始售卖，当年有人戏称，天津大都市变成了大集市。市区有关部门开始关注市容问题，执法队员和摊贩打起了"游击战"。在天津市建设国际大都市，要保持良好的城市风貌，又要方便群众日常生活、促进再就业的转机中，乐乐凭借敏锐的目光抢先发现了新的商机，也进行了一次影响其一辈子的业态选择。自1998年开始，他转向菜市场的建设与管理，这一干就是三十多年。其中，大约在2004年，乐乐在小海地创办菜市场蓬勃发展之际，由于各种原因，菜市场的经营发展遇到了一些困扰，那段时间，乐乐的心理和思想压力很大。但东边不亮西边亮，乐乐把目光转移到了河北区，由此乐乐的菜市场迎来了更大发展，声名鹊起，这才有了后来有些地区主动邀请乐乐去开发菜市场。这三次人生和事业的选择，成就了乐乐，让他成为了菜市场建设的标志性人物。

　　乐乐还是匠心独具的开拓者。从小海地三水道美丽菜市场的初创，到进河北区海门路、中山路、王串场等菜市场的建设，再到因经营有道、菜市场管理规范，而被一些地区、高校主动邀请去开办菜市场，乐乐都亲力亲为，每天在工地、菜市场上辛勤地忙碌着。记得在筹建五万多平方米的海门路市场时，在夜晚巡视建设工地过程中因为灯光昏暗，他不小心被大钉子扎破了脚，力透脚掌，鲜血几乎流满鞋窠。我在电话中听说后，劝他赶紧去医院治疗，小心感染，其他人盯着干就行了。后来，市场建成请我们去现场考察，聊起这件事，他轻描淡写地说："就是脚被扎得那么厉害，我一天也没离开市场建设工地。"我当时开玩笑地说："你就是劳模啊！"可以说，他这种敬业乐业的精神，坚韧不拔的毅力是常人难以匹敌的。在乐乐建设的市场中，人们会发现与其他市场的明显不同。乐乐不仅把充满烟火气的菜市场打造为百姓日常生活的交易场所，还把每个市场建设成文化的输出平台，充分展示了乐乐"新、奇、特"的鲜明风格，如中山路菜市场的全国第一家菜市场博物馆、乐葩的自行车博物馆等。走进乐乐建成的菜市场，不仅人来人往，人们各得其所，各得其乐，而且也在无形之中受到了文化的熏染。乐乐总结的菜市场管理之道、企业文化、团队建设，总是呈现着智慧的光芒，这都是乐乐乐

于读书、乐于学习、勤于思考、长期沉淀的结果，就如同乐乐两个孩子和侄子的名字中的三个字"迪、奇、特"一样，用力、用心、不走寻常路，可以说，这成就了乐乐事业的与众不同，独树一帜。

乐乐是重情重义之人和有社会责任的企业家。乐乐总说，他一路走来，许多人都帮助了他，成就了他，其实，他对家人的爱是十分动人的。初识乐乐，是1995年在我的办公室里，他去找同学。几次聊天中，谈起不久前病故的哥哥，他都眼含泪水，令人动容。乐乐为了帮助嫂子，曾经和某个街道的负责人私下沟通，他每月送钱到街道，与单位发的工资一起发给他嫂子，这既暗中帮助了嫂子，又考虑到了嫂子的心理感受。他几次谈到侄子亚迪，都说一定要给予更多关心、教育和帮助。乐乐非常忙，但他只要不离开天津，每天都会赶回去陪着母亲吃中午饭，老母亲几次病危，乐乐都尽一切办法救治，几次把母亲从死亡边缘拉回来，是位大孝之人。乐乐对朋友也很重"义"字，朋友遇到困难，他多次主动出手相助，从不含糊犹豫。在疫情初起的2020年，人心惶惶，不少市民囤菜囤粮，市场供应紧张。我突然收到一个包裹，打开一看，是一箱应季蔬菜、水果。一箱蔬菜、水果也许没有多少钱，但这份惦念令人感动，我多次和朋友说起，乐乐听到了只是微微一笑，毫不放在心上。有一次乐乐和我说起，想和某位遇到人生挫折的朋友见个面，我欣然允诺，把那位处于人生低谷的朋友请出来私聚，大家相谈甚欢，情意浓浓。乐乐的义，还表现在强烈的社会责任感上，且不说在菜市场建设管理上始终依法依规，作为一名人大代表，他经常奔走在街道、社区，为社区生活困难群众递钱送物，排忧解难；在市场建设管理上更是对有困难的商户多方扶持帮助；为体现对退役军人的尊崇关爱，优先招录大批退役军人参加市场管理，在三水道美丽菜市场，身着迷彩服的退役军人成为市场一道别样的风景，乐乐的企业也先后被市区评为拥军企业。乐乐热衷于拥军，每每以自己的预备役军人身份为傲，他积极参加各种拥军活动，还担任了一家拥军协会常务副会长，每逢建军节、春节，乐乐总要出资走进部队，慰问保家卫国，护卫天下平安的子弟兵。

在乐乐著的《菜市场建设与管理》出版之际，有感记录下几件往事，由此想到两句话：台上十分钟，台下十年功。

2023年8月

品味乐业集团菜市场

刘明
中节能（天津）投资集团有限公司原党委书
记、董事长

　　王乐然同志历经两年创作的《菜市场建设与管理》一书就要正式出版了，他热情地邀请我这个退休老头给这本书写个序，我推辞不过。说实话，我对菜市场建设与管理工作一窍不通，二十多年前我在天津市人民政府办公厅工作时，按照市长的工作分工，我们常务副市长工作处曾联系过原天津市商业委员会，了解一些"菜篮子工程""退路进厅"工作，但仅仅限于政府推动工作层面的事，我的印象里这是一个事关重大又比较难干难管的行当。十年前，我听我女婿讲述关于菜市场的故事，我才对菜市场这个行当有了一知半解。如今细品起来，王乐然同志作为乐业集团创始人，带领他的团队在这个行业里坚守了三十年，不仅干出了名堂，而且还干出了学问。

　　一是"排头兵味儿"。记得小时候，我们购买生活必需品只能去副食店、粮店，改革开放以后马路边有了自发形成的农贸市场，虽然方便了老百姓，但也阻碍了交通，脏乱了环境。天津市委市政府曾经下了很大力量，推动"退路进厅"工作，乐业集团迅速响应市委市政府的号召，在河西区三水道带头建设了第一个封闭菜市场，后来又应河北

区、南开区、东丽区等政府之邀，建设了一大批规范的封闭菜市场，支持了各区政府的"退路进厅"工作。建市场是这样，拆市场也是这样。当年响应政府号召建设的全市闻名的河北区海门路市场，若干年后需要拆除，乐业集团不计自身得失，不仅拆得干干净净，而且将两千多个商户全部妥善安置，没给政府添麻烦。国有企业改革调整之后，市政府号召全市各行各业吸纳安置"4050"失业人员，乐业集团一下子安置了几千人。市政府号召全市各行各业吸纳安置退役军人，乐业集团又出现了一大批身着迷彩装的管理人员。市委要求各行各业加强党的建设，乐业集团很早就在公司本部成立了党委，各市场成立了党支部，让老百姓看得见党旗飘扬。市政府要规范全市菜市场管理，乐业集团牵头成立了天津市菜市场行业协会，王乐然同志成为首任会长。三十年来，乐业集团走过的每一步，都体现着这家企业想政府所想、听政府号令、为政府排忧的发展理念。

二是"文化味儿"。乐业集团深深懂得，由路边农贸市场进化而来的城市封闭菜市场，要想做得长远，在保持物美价廉"接地气"的同时，还必须丰富它的文化内涵。为了提高菜市场的文化品位，乐业集团放弃了很多本可以出租赚钱的营业面积，投入大量的资金，搞起了菜市场博物馆、自行车博物馆、电影博物馆、摄影绘画展览等，让老百姓在购物的同时，免费观展，回顾历史，丰富知识，见物抒怀。菜市场不是暴利行当，仅靠收取摊位租金生存，乐业集团将有限的租金收入，取之于民，用之于民，以增强老百姓的文化自信，足见乐业集团带头人王乐然同志的远大胸怀和令人敬佩的义利观。乐业集团还注重创建独特的企业文化，经过多年的探索实践总结提炼出的"乐业集团八理"，是乐业集团从无到有、从小到大走向成功的经验之谈，是全市菜市场行业，甚至全国同行学习借鉴的企业管理精髓。

三是"专业味儿"。乐业集团专注菜市场行当三十年，在天津市建成并管理着大小16个菜市场、数千家商户，前期筹划、调研、谈判的菜市场不计其数，可以说，他们已经成为这个行业的行家里手。我曾经走马观花式地观察过乐业集团内部的工作状态，所有部门工作人员都统一着装，所有菜市场现场管理人员也都统一着装，让人感觉这家企业很专业、很规范。乐业集团的项目开发工作，从前期谈判到投资决策、从项目选址到设计规划、从资金准备到成本控制、从工程预算到建设施工、从市场招商到运营管理、从前期引流到养商策略、从团队建设到绩效考核，都有一整套的管理办法，满脑子的管理经验，一肚子的管理学问。这些历经三十年摸爬滚打总结提炼出来的宝贵经验，是大学课本里学不到、会议上听不到、同行们也不会掏心窝无私介绍的。乐业集团将他们最专业、最宝贵的"核心机密"，全部奉献给了关心这个行当的人们，真是太难得了。

除此之外，乐业集团在商户遇到困境的时候给他们减免租金，在无情的市场竞争中干出了"人情味儿"，站在互联网迅速发展的潮头，建设智慧化菜市场，把传统的买菜卖菜干出了"时代味儿"。按照这个发展趋势，说不定哪一天乐业集团就会走出津门，干出"中国味儿"；也说不定哪一天乐业集团就会走向世界，干出"国际味儿"，我期待着那一天早日到来。

2023年3月

匠心独运　乐为百姓

陆福宽
天津市东丽区政协委员会副主席

　　匠心独运，乐业集团创始人王乐然著的《菜市场建设与管理》，终于面世了！

　　乐然把菜市场当作事业干，历经三十年，先后建设16家，近100000平方米菜市场，覆盖河西、河北、南开、东丽四个区……成绩斐然，可喜可贺！

　　更为可喜可贺的是，乐然以"为善最乐"，紧紧围绕菜市场的兴建成长历史，把服务民生、服务百姓的所思、所想、所得集纳成册，立足津门，放眼全国，胸怀世界，"利他"成功成业，以资参考借鉴。

　　该书内容丰富，图文并茂，涵盖菜市场行业的各个方面，可谓价值无限，真情无限，现实意义、长远意义无限。

　　该书是乐然的一部创业史、奋斗史、发展史，也是一部服务史、奉献史、艺术史，其中，不仅有理想、有追求、有目标、有价值、有情怀，也有理念、有精神、有境界、有文化、有品格……

　　它集百姓"菜篮子"、文博场馆与市场建设管理经营、企业文化精神于一体，有着丰富内涵与多重效应的诸多魅力。

翻开该书，最直接的意义是，有益于帮您尽快了解民生实业和服务保障的菜市场建设、经营与管理的知识和经验。更具有深层意义的是，将乐然三十多年积累的智慧与结晶，毫无保留地呈现在世人面前，是一本注重实务操作的工具书。

该书文风朴实简洁，通俗易懂，又饱含玫瑰之香，清新芬芳，沁人心扉。既有乐然的工作实践心得，又有各项规章制度办法，其中包含着众多商户的一则则鲜活故事，相互交融印证，可说是雅俗共赏，娓娓道来，栩栩如生，犹如春风拂面，读后让人受益匪浅。

这真是一本不可多得的实用瑰宝，阅后感怀，作此评，以为序。

2022年4月

拼搏　奉献　服务

罗澍伟
天津市社会科学院研究员

　　我与乐然相识于多年前的一次聚会，几经交流，慢慢熟悉。乐然对我说："罗老，我想在我的市场里做一个菜市场博物馆！"我听后非常惊讶，因为这完全超出了一个菜市场行业老板的专业范围。随着接触的进一步深入，我才了解，这一想法源自于他自身对生活及事业的双重热爱以及见贤思齐的好习惯，平日里他就爱走访考察，从国内外各地菜市场、街市，到国内外大小展览、会展，再到各类老物件的收藏，久而久之就形成了自成一派的菜市场建设风格。他敢为人先，想做全国第一个建在菜市场里的博物馆的想法，就不足为奇了。

　　后经共同研究，更是聘请了多名天津市内著名的民俗专家、专业设计等业内人士，多次交流探讨，最终在河北区中山路菜市场建立起全国首家集收藏、展示、民间风俗和传统技艺于一体的菜市场博物馆，博物馆内展示了明清繁盛、民国特色和新中国成立至今三个历史时期的菜市场文化：卖糖葫芦的丁大少、卖药糖的王保山、菜市场行业的72鼻祖，斧子、柴刀、米斗、米升、挑担等各类器具，独轮车、黄包车、自行车等各种交

通工具，众多老式电影放映机，模拟的官银号、起士林咖啡厅、合作社等，每一个场景都能激发百姓的回忆与联想，就这样，让文化植根于民生，让最具人间烟火气的菜市场更具精气神韵，让菜市场成为购物消费的时髦市井，让卖菜成为既可谋生又能享受的行当，让买菜成为快乐的日常举动，让老百姓不可一日或缺的"菜篮子"变得与众不同。

　　服务社会、服务群众，是菜市场人的使命，乐业集团的领路人王乐然也一直带领着他的团队，不断钻研、不断开拓、不断进取，他说："我要用毕生的精力，干好我这个'菜市场'！"

　　《菜市场建设与管理》是乐业集团人多年的经验总结。我坚信，通过坚持不懈的努力，乐业集团终有一日会在全国馥郁传香。

2022年2月5日

乐在其中　自得欣然

刘栋栋
中央广播电视总台农业农村频道《致富经》栏目制片人、主持人

　　菜市场，中国百姓最熟悉的消费场景，滚滚红尘烟火气，芸芸众生喧沸声，里面装着老百姓的柴米油盐，幸福日子。小而言之，是平常生活，大而言之，是国计民生。

　　菜市场，大家都很熟悉，但很少有人想过它应该有一个什么样的建设标准和管理办法，可这世上就是有用心之人，偏用现代手段加以规范，让它成为人性化的农副产品零售终端，成为保障民生、促进消费升级的主要载体，最重要的是，有心人给菜市场注入了文化和科技，注入了幸福和快乐。

　　这个有心人叫王乐然，乐在其中，怡然自得，他也喜欢别人叫他乐乐。

　　我们相识在《致富经》栏目，他作为全国优秀涉农企业家典型，分别于2016年、2018年被央视农业农村频道重点采访报道，并在2018年，荣登全国十大三农创业致富榜样，是当之无愧的涉农创业者的榜样和标杆。

　　作为榜样，他一生专一事，一事爱一生。菜市场，便是他的全部心血，他的一生至

爱，爱到出国的时候会随身带把尺子，把国外的超市、菜场、商场都研究个遍，爱到把所有自己的收藏品都放在菜市场里，在菜市场里打造民俗博物馆、摩托车博物馆，爱到把他16家菜市场的所有管理心得，集结成册，付梓成书，毫不保留，行为世范。

由乐乐著的《菜市场建设与管理》正式面世，希望读者不仅能读到他的管理精髓，更能读到一个用心用情之人，对事业的热爱、对乡村振兴的情怀、对美好生活的执着追求。

写下这段文字时，2022年的中央一号文件正式出炉，保障"菜篮子"产品供给再次被中央高度重视，相信乐乐的新书，能为咱老百姓的菜篮子再次校准定盘星。

2022年2月22日

喜闻"乐"见

朱宝钧
天津市政协委员
天津市工商联合会副主席
天津市烹饪协会会长
中国饭店协会副会长
中国烹饪协会副会长
中国饭店协会小吃委员会主席
宝轩饮食（投资）集团董事长

　　一座城市的烟火气，都藏在它的菜市场里。柴米油盐酱醋茶，连接着人情生活、流动着味蕾盛宴，它向我们展示了一幅璀璨夺目的烟火芳华。

　　菜市场是触手可及的博物馆，可以吃遍大江南北，看尽琳琅满目。

　　菜市场是饮食文化的集散地，也是生活方式的映射，更是与人民的切身利益息息相关的场所，凸显着老百姓有情有味的生活，温存着一代人的记忆。

　　菜市场是工作与生活最鲜明的分割线，要适应快节奏，应对互联网时代新要求和消费观念碰撞，首先应牢记卖的不是商品而是人情和服务，展现的是饮食文化的多样性，

其次开的不只是菜市场还是具有人情味和社交功能的生活圈，体现的是百姓对生活的热爱和趣味，让百姓在人间烟火里过上最幸福的生活。

老骥伏枥，志在千里！乐然兢兢业业几十年从事菜市场经营管理，在造福一方百姓的同时，又将自己的心得和思索结集成书，展现了对菜市场建设管理与创新的孜孜以求，更涉及对未来菜市场专业化精细化发展壮心不已的抱负与信念，让我震撼并深受鼓舞，也让我看到了一位老市场人锐意进取，始终勇立潮头的敢作敢为！更让我看到了合作共赢开创未来的巧合机缘。

乐然兄是我的入门导师，我们情同手足长达三十余年，尤其是在餐饮管理与市场接轨方面让我受益良多，他的很多观点和理念早已成为我的座右铭和行动指南，今日能够以曾经的好兄弟和密切相关市场的管理者为兄长心血之作作序，甚感荣幸和欣慰！更愿乐然兄在为市场贡献睿智的同时，将管理的经验和对此执着的精神，世世代代传递下去！

2023年3月

我选择了她，她也选择了我

陈军
国家住建部报社天津站长
住建部报社天津专家组组长

　　"一走进这个市场，仿佛走进了另一个世界——这里人来人往、熙熙攘攘，这里的生鲜时蔬琳琅满目、五光十色，令人眼花缭乱，仔细一看，所有的东西码放得整整齐齐，井然有序，有蔬菜、肉蛋、鱼虾、水果，还有许许多多的调味品，分门别类、应有尽有，互相辉映。

　　"我的眼前一亮，仿佛眼前不是什么菜摊子，而是一幅出自名家手笔的彩色绚丽、线条鲜明的油画或水彩画。"这是季羡林文学作品中的菜市场，也是王乐然（以下简称乐乐）的菜市场的真实写照。

　　我被乐乐打动是因为他说过的一句话："菜市场工作是我终生的事业，我得用毕生的精力干好我的菜市场，因为我选择了它，它也选择了我。"王乐然——这位企业家在平凡中创造着伟大，在伟大中孕育着生机，专心于菜市场工作三十年，决心为这件好事致力一辈子，他用企业家的宽广胸襟和乐善好施的思想帮助他的商户们，谱写了一曲为善最乐的华美乐章。

　　"文化传承，津沽瑰宝。"历史的巨轮滚滚向前，文化的足迹也深深地烙印在这片广袤的大地上。食材交易市场，全世界各地都有，但农贸市场却是中国特色，也是古已有之。在乐乐眼里，历史文化是民族的瑰宝，他先后投入上千万元买了一千多件记载历史的"宝贝"，甚至还专门为这些"宝贝"建了一座博物馆，一杆杆公平秤、一座座叫卖的人物雕塑、一张张不同年代副食店的老照片、一件件留有历史烙印的农耕用具……这些老物件仿佛让我们回到以前，耳畔似乎又响起了那些熟悉的叫卖声。乐乐的博物馆浓缩着天津人的文化和习俗，嘈杂之中有着津沽市井烟火气，每每走近都仿佛翻开了一本地道的生活历史书，慢慢翻看，回味无穷，菜市场的文化是渗透着乐乐情怀的。

　　借国际视野，看市场之变。天津这座兼容并蓄的国际大都市，在漫长的发展进程中，形成了中西合璧、古今交融的独特城市风貌，菜市场连接着天津人的生活、交融着历史悠久的津沽文化，更承载着天津人对美好生活的向往。过去，传统的市场布局存在不合理、出行不便、摆放杂乱的现象，勤奋的乐乐总是不停地思考一个问题："如何把国际一流的菜市场带到天津市民面前？"他带着梦想，开始了菜市场的蜕变之旅，正如世界建筑大师贝聿铭所说："对于一个城市来说，最重要的不是建筑，而是规划。"乐乐说："一个国际一流的菜市场，一定要有一个好的规划。"他走遍世界各国知名菜市场，深入调研、虚心学习，带着团队反复论证，亲力亲为，从菜市场的规划设计理念、空间布局、功能分区、动线走向、软装设计等方面着手，科学性地对菜市场进行合理化的功能分区。在乐乐的菜市场规划里，就算有空闲的地方，也绝不会多增加摊位，而是借鉴国外一个酒店的布局模式，将菜市场里原来的长条形摊位切成了一个一个的方块，让每个柜台形成了独立的"小岛"，这种岛台设计打破了原来菜市场里不同摊位的好坏、优劣之分，顾客可以在柜台四周来回穿梭，不用再绕来绕去。此外，他深度挖掘项目所在的地区文化元素，如码头、船只、帆船等造型，在一定程度上体现当地人文，让建筑空间和文化元素相结合，在满足功能要求的同时塑造有体验感的情境购物，沉浸式的体验让市民感受到了买菜的愉快与轻松。实践证明，这几年他开拓并管理的多家菜市场，无论是在规模运营上还是赋能提升上都是成功的。

　　尊德乐义，豁然通达。《孟子·尽心上》："尊德乐义，则可以嚣嚣矣。""古之人，得志，泽加于民；达则兼善天下。"乐乐做到了！孔子云："益者三乐。"是为健康有益的人生乐趣。"乐节礼乐，乐道人之善，乐多贤友"，乐乐也做到了，乐乐，人如其名，乐乐很洒脱。

　　行业发展快，全靠会长带。作为天津市菜市场经营服务行业协会首位会长，乐乐用他的情怀、智慧、勤奋把菜市场行业做成了当地的行业标杆，帮助成百上千的菜商在这个城市扎下了根，发展了事业，也正帮助越来越多的人脱贫致富，在美好幸福的新时代实现着新梦想。

　　王乐然创作的《菜市场建设与管理》准备出版了，让我写点文字，啰里啰唆地说了些内容，算是对王乐然及其三十年来执着菜市场事业的粗浅认识吧。祝贺《菜市场建设与管理》正式出版。

2023年3月

菜市场的价值、挑战及未来

钟淑如
中山大学旅游学院副教授

　　收到王总《菜市场建设与管理》的书稿，如遇知音。我是一名人类学者，从2016年开始从事中国菜市场的研究，我探讨的主要问题是为什么菜市场可以在中国社会生生不息。读罢书稿，我感慨万千，中国菜市场的可持续发展，离不开像王总一样把菜市场当作毕生重要事业的奋斗者。此书是王总三十余载投注在菜市场经营和管理上的心血结晶，时间尺度上贯古通今，空间尺度上博览中西，内容丰富翔实，经验诚挚实用，是"菜市场人"不可错过的宝典。

　　王总把菜市场的特质归结为"人性、利他"，我深表认同。菜市场在中国诞生之初即作为方便人们贸易交换的场所，具有鲜明的公共价值。集体主义时期，菜市场更是成为城市食物分配体系的枢纽。在统购统销的制度下，政府部门从乡村统一收购新鲜农产品，再运输到城市的菜市场进行售卖。猪肉、鸡蛋等紧缺商品甚至需要居民凭定额分配的票证才能购买，售价也有严格规定。自改革开放以来，菜市场在保障民生方面的重要性有增无减。随着"菜篮子工程"的实施，各城市把菜市场建设推向新的高潮，今日

所见的大部分菜市场是这个时期所建。当时的城市规划中，菜市场是必要的民生设施组成部分。政府主导建设的菜市场不以营利为主要目的，而是具有"利他"的公共服务特质。当时的许多菜市场都占据了黄金的地理位置，但摊位费保持在合理的低水平，让到城市打拼的人们有了创业扎根的机会，也为广大居民提供了便利、平价、新鲜的食物供给。20世纪90年代开始，随着国有体制改革，菜市场产权逐步私有化、复杂化。各地市政府只保留少数菜市场的所有权，其余大部分转变为私人产权。商业资本的进入促使菜市场加入到动态的市场竞争中。但是老百姓可以用嘴投票，环境差、菜价虚高、服务不到位的菜市场注定要被淘汰，唯有保持"利他"底色的菜市场才可以持续蓬勃发展。

乐业集团在菜市场行业多年的守正创新也表明，菜市场不是夕阳行业，反而在现代城市生活中有多样的价值。首先，菜市场食材的多样性、在地性和新鲜程度远超于其他的食物零售渠道，至今是许多居民买菜的首选，很多根植于地方的特色食材因为供应不稳定、非标准化，虽无法流通到超市等渠道，但能在菜市场获得生机，菜市场也因此保育着地方的饮食文化。其次，菜市场对接的不仅是家庭消费者，还有大量的非正式餐饮经济。菜市场是小餐饮的心脏，源源不断地供给新鲜食材，如果把菜市场从城市地图中抹去，那么成千上万的小吃店、快餐店、夜宵摊也可能随之消失。菜市场及周边汇聚了最地道的早餐店、快餐店、熟食店、糕点店，成就了美食的隐秘角落。最后，菜市场有不可取代的社交价值。不同社会地位和背景的人们在菜市场交会、交流，感受生活的烟火气。

诚然，菜市场的发展也有隐忧，挑战来自多方面，许多菜市场面临着设施设备老旧、卫生状况堪忧、管理不善等问题。此外，随着年青一代消费者习惯的改变、网络电商、社区生鲜店的崛起，菜市场被卷入了激烈的外部竞争。我在南京和广州的调研都发现，中老年消费者占据了菜市场消费群体的八成以上。所以，如果菜市场要在未来的城市生鲜版图中继续占据重要的一席之地，必须主动求变。菜市场要更专业，在前期规划设计、经营管理、技术升级等方面，要对标甚至超越其他的零售渠道，并在提高效率的同时保持自身的发展特色。未来的菜市场有必要继续嵌入人们的日常生活，保持高度的利他性、成为共享的社区空间。相信在众多"菜市场人"的不懈奋斗，以及人民群众的热切支持下，中国菜市场的未来一定会更多样、更精彩。

2023年3月15日

乐业集团 LE YE GROUP
打造全国一流菜市场
中国·天津
专注菜市场三十年

我和乐兄是同行

李洪洋
北京日报社原副社长
京华时报社总编辑
美菜网副总裁

　　我和乐兄是同行，又是同时代的人。

　　他是卖菜的，我也是卖菜的。

　　不同的是，他是真卖菜的，在传统行业里卖了一辈子菜，卖成了极富创新精神的企业家；我也是真卖菜的，在电商行业里卖了五年的菜，玩了五年的"票"，卖成了"坐家"，坐在家中胡乱写些线上卖菜的感受和心得，出了一本小册子叫《美菜模式——开启从零到行业领先的密码》。

　　正因为有了此书，才有了我们的故事。

　　乐兄既是我佩服的人，又是农产品供应链中颇具个性的企业家，嗜书嗜友嗜运动。

　　乐兄喜欢书，他的书架上，除了青花瓷的酒罐外，就是他喜爱的书了。有一日去书店，翻到了《美菜模式》，看到文中共鸣之处，便将此书带回案头。

又一日，我的老朋友杨寿清去乐兄办公室畅谈，正遇到读书，便道："作者是李洪洋吧？"

乐兄惊道："你为嘛认识？"

寿清："他是我三十多年前的战友，最铁的那种。"

哈哈，世间万物皆有关联，冥冥之中总是结缘。

消息传到西城的一座茅庐中，乐兄大乐，我亦大喜。

在今天这个全民创业、高科技快速发展的信息时代，卖菜这个行业，实属"曲高和寡"。

把卖菜当作事业，又能踏踏实实去卖菜的人，已不多见。

我们经常会看到母亲对孩子怒斥："如果不好好学习，考不上大学，今后只能去卖菜。"

我与乐兄因为"卖菜"的共同情怀，终于走到一起，我们一见如故，情同手足，如伯牙与子期也！

古琴响处，善哉，峨峨兮若泰山，洋洋兮若江河。

更有一日，乐兄带着儿子小特坐高铁来京找我，我们相聚在北京南站附近的一个小茶馆中。

乐兄问我，如何才能让菜市场与互联网紧密连接？

我说，互联网是广域的、世界性的平台。电商平台，有世界性的，有全国性的，有地域化的，也有社区化的，就看你要怎么做，做多大。

我看得出来，他十分热爱菜市场这个陪伴一生的行业，希望子女能在这个行业中继续耕耘。我心中不由得为他鼓掌点赞。

乐兄又问我，怎么连接？机会在哪？从哪里切入才是最好？

问题越问越深，商情越来越复杂。

我说，你已经获得了非凡的成功，在传统行业成就斐然，但是从数据上看，今天菜市场这块"蛋糕"的份额已经被电商切走30%以上，以后还会被不断瓜分，这是时代的趋势，更是未来的走势，如果你今天能在线上进行布局，并全心全意为商户服务，为其赋能，一定会开启一个全新的、更加辉煌的十年。

企业在辉煌的时期开始转型，叫更上一层楼；企业在下滑时期开始转型，叫溃逃前杀出一条血路。

居安思危，惟此为大。秦始皇只因不立太子，才有沙丘之变，赵高之乱，强秦之衰。

企业在辉煌时转型，如"先立太子"。

乐兄深谙此理。

近些年，乐兄总结了很多关于菜市场建设、管理与创新的心得，将其结集成册，并专门把书稿打印出来给我看，希望我能写上几句。

　　乐兄的所作所为，暗合着古今中外商业中最朴素的哲学——全心全意利他主义精神。菜商成功了，你就成功了，菜商过上幸福生活了，你就更乐了。

　　电商领域更是崇尚这个哲学，要为用户创造价值。

　　无论是什么人，无论是达官贵族之血统，或贩夫走卒、引车卖浆之基因，凡成大器者，皆有其必然道理。本性善良、定位准确、热爱生活者，做人、做事、做朋友利他主义者，或仰望天空、脚踏实地、面向理想的苦行者，皆可成器。乐兄也如是。

　　我为乐兄一辈子的探求所深深感动，又为书中独有的丰富感到震惊！

　　乐兄是我"卖菜"的师傅，师傅请我写感受，我哪里好拒绝。

　　于是便有了如上的急就章。

2023年3月

食为天　君乐然

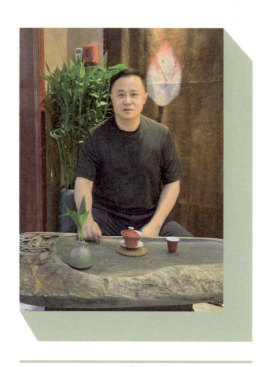

袁峰
天津市众心（西青）拥军协会会长

　　"民以食为天"这种说法至少存在了两千多年，最早语出《史记·郦生陆贾列传》："王者以民人为天，而民人以食为天。"这句古语可以理解为：一个国家是以百姓为重要基础的，而百姓则以粮食为自己生活补充的重要来源。

　　"天"，是为至上的位置，即使新时代的中国已全面建成小康社会，温饱早已不成问题，但"食为天"这条亘古恒传的百姓哲学，在如今仍具有历久弥新的现实意义。原因就在于，这是"天大"的事儿。

　　从蒙昧时代的以物换物，到文明社会的市场经济，随着时间的推移和社会生产力的飞速发展，农贸市场的迭代同样日新月异，市场管理与建设的形式也在不断更新。如何保障好老百姓的"菜篮子"，打通土地与餐桌的"最后一公里"，始终是社会学研究探讨的重要领域，同样是作为新一代市场人——乐然兄总是站在孜孜不倦的事业高地之上深耕求索。

　　扎根菜场三十载，创新引领，打造浓浓烟火气，念好助农致富经。《菜市场建设与管理》既是乐然兄植根民生、萦怀商户所总结的"生财道"，也是他科学施管、带队深耕所积累的"经验谈"，更是浓缩了他挺膺拥军、回馈军旅的浓浓"家国情"，作为天津市拥军协会常务副会长，我由衷地敬佩他。多年来，他一手创办的乐业集团，先后在天津市建设了16家大型标准化市场，依托自身体量为百余名退役军人提供优质管理岗位，同时引入准军事化管理理念，打造出了一支支"守初心、敢担当、作风硬"的管理团队，这也一直是乐然兄心中最引以为傲的事业成果之一。乐业集团也在2018年被天津市委、市政府评为关爱退役军人关联单位，近五年更是不断创造新的就业岗位，尽己所能为军人军属解决后顾之忧。

孔子说："饭蔬食，饮水，曲肱而枕之，乐亦在其中矣，不义而富且贵，于我如浮云。"即使名望拔群、荣誉等身，乐然兄始终不忘心中道义，秉持从善如流，以事业助人，以出书利他，毫无保留地将经验倾囊相授，甘愿奉献，从无所求，故不禁感慨——此乃"乐业"初心守望，不愧"乐然"远扬其名。

但愿乐然兄，守人本之真，扬时代之帆，与民生同行，为和谐增色，事业向大向强，理念向美向善，做利民、利市、利国的情怀企业！

2023年7月

山到绝顶我为峰

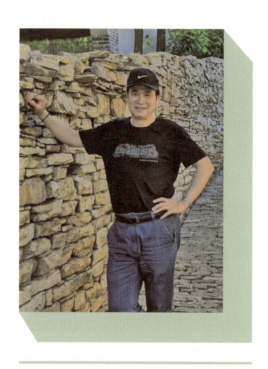

张景云
河北区政协原副主席

　　任何人想要干出一番事业，都需要付出艰辛的努力。如果想把事业做大、做强、做到极致，非下一番苦功不可。这正如登山，一路艰辛，许多人因无法忍受途中劳累，就放弃了自己的追求，而只有坚持下来的人，才能登到最高处，去体验"山到绝顶我为峰"的自豪。

　　天津市乐业集团的创始人——王乐然先生，就是一位将"菜篮子、米袋子"这样小事情做大、做强、做到极致的成功企业家。他兢兢业业，孜孜以求，几十年如一日。他所获得的成就，得到市政府、百姓及社会方方面面的认可，被誉为津门菜市场的"掌门人"。我和乐然先生十几年前相识，那时，四十多岁的他，意气风发，踌躇满志，正是事业风生水起的时候，他积极进取，多方筹措资金，建了一个又一个菜市场，不仅方便了群众，也解决了摊贩占道经营的老大难问题。如今，已经进入花甲之年的王乐然，依然乐观、坦然，积极向上，对未来充满希望。相对于"王总"这样的称呼，他更喜欢别人叫他乐乐，是的，他脸上总是带着笑容……

"宝剑锋从磨砺出，梅花香自苦寒来。"他十几岁就下海经商，其间干过服装、家具的生意，也当过"乐乐餐厅"老板，但最终还是选择了经营菜市场。在这漫长的拼搏过程中，他付出艰辛的劳动，流过汗水，也曾流过泪水。然而，他始终乐观向上，勇往直前，勇气往往是一个人逆境时绽放的光芒。他带领着一支年轻的团队，一路披荆斩棘，奋力前行，经过不懈地努力，目前在全市拥有16个菜市场，十几万平方米的经营场地，为三千多人提供了就业岗位，解决了几十万居民的"菜篮子、米袋子"问题。

我想，其实生命本来无所谓意义，但当我们确定了目标并为之奋斗时，生命就会闪烁出耀眼的光芒。在日复一日的忙碌中，乐然找到了自己生命的价值和人生的意义。一直喜欢读书，爱好收藏的他，在搞好公司经营的同时，在河北区中山路菜市场里还投资建成了菜市场博物馆，他斥资收集了国内外一些与菜市场有关的"老物件"，还陈列了的粮油票证。他还建了自行车、摩托车博物馆等，看到这些，仿佛让人又回到那个年代，同时也感到了时代前进的步伐。他组织员工不断学习，勇于创新，不仅借鉴国内其他城市菜市场的经验，还到国外的市场去参观学习，从英国、西班牙、日本的超市和菜市场，到土耳其伊斯坦布尔的大巴扎，都留下了他匆忙的身影。他不仅重视市场的外形设计、摊位的合理摆放，更深入研究经营理念的更新、队伍人才的引进，在不断的创新中求得企业的生存和发展。

乐业集团在他的带领下，已经走过三十多个春秋，但他依然在致力于打造精干的队伍，全国一流的公司。最近他创作的图文并茂洋洋洒洒几十万字的《菜市场建设与管理》书稿，介绍了集团发展的历程，展示了集团的党组织建设和企业文化，总结了菜市场建设及管理经验，对未来做了科学长远规划，这是一本内容翔实、图片精美、知识性强、对人颇有启发的书。从本书中也让我们看到了乐然先生对于菜市场的建设与管理情有独钟，并把它视为自己神圣的使命。我们有理由相信，在今后的日子里，王乐然先生带领他的公司，会不断取得新的成就，登上新的高峰，相信到那时，他一定会领略到"山到绝顶我为峰"的那种绝妙意境。

2023年7月

AUTHOR'S PREFACE

【自序】

提升、改造、新建、管理菜市场是我们的专业

乐业集团创始人 王乐然

"利他"菜市场

王乐然
乐业集团创始人

　　2022年春节过后,《菜市场建设与管理》的编写进入最后冲刺阶段,年前约几位好友为其撰写的序言也陆续完成。在天津,你可能没有去过乐业集团的望海楼社区中山路菜市场,但你绝对听说过它的名字,我想说的是:"它是天津的,也是中国的,更是世界的。"

　　"交易而退,各得其所。"我国最古老的文献之一《易经》中已经有了对"集市"这一商业形态的记述,凸显其悠久历史和其存在的价值。历史上,集市的存在不仅满足了人们的消费需求,还促进了城市的发展。位于河南省北部的安阳殷墟,是我国第一个有文献记载的都城遗址,全面系统地展现出了我国商代都城的集市风貌。

　　二十多年前的我,做菜市场全靠自我摸索,这一路上有太多的人帮助我,成就了我现在的菜市场规模。我一直在思考,我怎么样才能够像那些成就我的人一样去成就别人呢?菜市场伴随我近三十个年头了,怎样才可以"无我"地通过我拥有的知识与菜市场

相关的阅历成就更多想做菜市场的人呢？授人以鱼，不如授人以渔，作为三十年专注菜市场的创业者，我给我的同行、同道、同人提点建议。

首先，选址不能因有址而选，而是要有需而选；其次，一定要通过计算与设想而设计，计算出有多少需要柴米油盐酱醋茶的消费群体，还要盘算一下年轻群体的潜在需求，根据需求进行推算，通过需求布局商铺。

知识本身没有力量，知识升华为智慧才有力量，一个购销两旺的菜市场是因为那些懂得做生意且有智慧的商户而兴盛繁荣。

我们在爱自己父母及家人的同时要爱这些商户，并且要尊敬他们。市场每日新鲜的品类是通过商户常年无休，辛勤劳作实现的。

我建议已经在做或者想要做菜市场建设与管理的所有同人，可以深入研究一下三本书：尼尔·汤姆林森与瓦伦蒂·阿尔瓦斯·普拉纳斯合编的《菜市场规划与设计》、徐颂雯编著的《香港街市》以及林江主编的《菜食场》，从中汲取有关菜市场及这个行业的经验与灵感。

除了专业书籍的指导外，最重要的还是实践。你如果要到一个地方旅行，应该去当地的农贸市场转一转。如泰国丹嫩沙多有一个水上菜市场，是泰国的首个水上菜市场，已经有上百年的历史。

美国，有一种类似我国集市的跳蚤市场，人们把一些旧货和自己做的手工制品运到这个地方摆摊出售。

还有土耳其的伊思坦布尔菜市场，西班牙巴塞罗那的波盖利亚菜市场，荷兰鹿特丹的Markthal菜市场，英国伦敦的博罗菜市场，日本东京的筑地菜市场，澳大利亚墨尔本的维多利亚女皇菜市场，法国巴黎的巴士底市集，墨西哥的拉默塞德菜市场，意大利罗马的新特斯塔丘菜市场等，林林总总，异彩纷呈。但归根结底要获得成功，就要懂得利他。

利他是人性化的表现，且自古使然。明代唐寅说："柴米油盐酱醋茶，般般都在别人家。"据考证，南宋时期吴自牧所著《梦粱录》中提到的是"八件事"：柴、米、油、盐、酒、酱、醋、茶。

由于酒算不上生活必需品，到

元代时已被剔除了，只余下"七件事"。随着咖啡走进寻常百姓家，我认为，人生开门可以是"九件事"：柴、米、油、盐、酱、醋、茶、酒、咖啡。

利他原则就是方便消费者。所以，乐业集团旗下的菜市场是包罗万象的，也是应有尽有的，可以"一个地儿买全国"。我们在做好"利百姓方便、利商户赢利、利企业创新"的菜市场基础上，还要从"境界"到"静界"，为善最乐，我们做任何一件事都要有方向，把菜市场作为"为善"的方向。乐业集团考核的标准是：建设一个或者几个无租赁费、标准化管理的菜市场。

最后一并致谢为《菜市场建设与管理》撰写、编辑付出努力的刘彬等诸位友人及同事，更加由衷地感谢为其撰写序言的好朋友们。

王乐然

2023年12月

目录

目录

目录

附录

目录

扬帆——写在后面

我们在爱自己父母及家人的同时，
更要爱智慧的商户并敬畏他们

I 行业篇

HANG YE PIAN

第一章

世界之窗：
异彩纷呈的市场面孔

"金""木"的方位为东西，春耕秋收"东作西成"，自从唐朝时期诞生了东西两市，人们的生活也便因"买卖东西"而生出了不少乐趣，又因为满足了人们生活基本需求的菜市场，多了不少烟火气息。从古老的菜市场雏形发展至今，菜市场的前行脚步可以说是一部人类文明的发展史。世界各地菜市场的丰富多彩，更展现了你方唱罢我登场的生活大戏。

菜市场的脚步：
5000年的人类生活史

菜市场是人类最古老的商业形式之一。在历经一次次变革之后，逐渐演化成如今更具现代气息的菜市场。

根据历史记载，世界上最早的菜市场发源于5000年前的埃及。在当时的农耕文明时期，人们开始凭借经验发现，有的植物和动物可以通过种植和驯服获得更多的产量，所以就开始尝试人工种植和驯养动物。如果说人们开始种植农作物、驯养家畜是文明源头的开始，那么菜市场则无疑成了当时文明的灵魂。随着人们生产力的不断提升，人们获得的农作物和家畜产量越来越高，食物越来越多。最终，那些聪明的人就尝试着将自己手中多余的实物进行以物换物，以此满足人们的自然诉求。这样一来，菜市场也就成为农耕文明时代完成食材共享的场所。随后，菜市场传播至中东和欧洲，而这种"以物换物"的形式逐渐转变成了"以钱换物"，最早的零售菜市场得以成型。

世界各地的菜市场形态虽然在出现之初具有相同之处，但因为地域特点而有着各自的特色，在全球各地每天都会有稳定时间营业的市场，也会有在特定时间开放的市场，如集市。由于各地气候、宗教、文化和传统的不同，全球的菜市场形态也有所不同。

中东地区的菜市场通常设立在羊肠小道中间，摊位呈线形排开，其菜市场通常会从一个城门延伸到另一个城门，室外的摊位往往会支起一个顶棚以遮风挡雨，半开放的室内菜市场为了有更好的采光，一般会将房顶设计为拱形，将店铺摊位分布在两侧，有的室内菜市场会延续1公里以上。伊朗大不里士的集市区是中东地区最古老的，也是世界上涵盖面积最大的菜市场之一，还是世界上最长的半开放室内菜市场，其市场长度达到了1.5公里，如今已被列为世界文化遗产。

西方国家的菜市场的雏形大约从12世纪开始出现。随着菜市场的不断发展和演变，到中世纪，西方国家的菜市场逐渐官方化和体系化，位置通常集中在修道院、城堡和贵族府邸附近。选择这样的位置建设菜市场，主要是因为这些地方有很大的需求量，同时还能得到官方和贵族的庇护。拿英格兰来说，当时英格兰君主授权当地领郡主为所管辖村镇的市场和集市发放特许权，拥有了这一特许权，菜市场就可以在缴纳一定年费后，获得当地政府的保护，那些没有获得特许权的菜市场则被强行关闭。西方国家的菜市场外观设计与中东地区有所不同，大多为方形或圆形，从室内到室外的建筑设计来看，与其说是一个菜市场，不如说是一个大广场。

乐业集团创始人王乐然考察英国留影

亚洲国家的菜市场最大的特点就是根据开放时间，将菜市场划分为早市和夜市，一般早市供应的都是新鲜的食材，而夜市则在此基础上添加了娱乐氛围。

全球无论哪里的菜市场，都是为了满足人们日常生活需求，为人们购物带来便利而生的。

如今，随着人类文明不断地发展与创新，超市以全新的形态出现，网上购物也变得更加方便，但菜市场并没有受到它们的影响。一方面，菜市场更加接地气，能给人们带来强烈的烟火气息。另一方面，有很大一部分人认为去菜市场购物不但不是一件麻烦事，反而是一件幸福的事情，因为去菜市场购物能让人感受到真正的生活气息。

当然，菜市场也在与时俱进，随着互联网的不断普及，菜市场也依据网络卖菜平台的做法进行了经营模式创新，送货上门或集中向社区送菜为人们提供了更加便捷的买菜服务。另外，菜市场开始不断拓宽零售品类，除了售卖蔬菜之外，各种水果、肉蛋、烹饪食材以及零食等也逐渐走进菜市场。

当下，菜市场迎来了一个全新的时代，其不再只是售卖蔬菜、水果、肉类、蛋类的地方，已经逐渐开始社交化，越来越多的菜市场告别了传统模式，与其他商业形态紧密结合。全球很多知名菜市场已经成为社交场所，人们或是三五成群在这里旅游打卡，

如西班牙巴塞罗那的波盖利亚市场；或是在这里休闲娱乐，比如爱沙尼亚的圣诞塔林市场。这些菜市场俨然已经成了一个新型商业综合体。

在建筑设计方面，菜市场也一直随着时代的发展和需求不断进行改造，在原有售卖菜品的单一功能基础上，也做了功能性协调，增加了很多富有艺术美感与文化色彩的设计，一改往日传统、死板的形象，给人以视觉上的舒适感，以全新的姿态融入人们的生活，并逐渐发展成为所在区域新的地标，让人们觉得逛菜市场也是一种美的享受。最典型的要数荷兰鹿特丹缤纷菜市场，它让每一个去逛菜市场的人在感受菜市场缤纷热闹的同时，还会对整个菜市场极具艺术感的设计而感到震撼，甚至流连忘返。

总之，菜市场在不同时期迎合了时代的发展，通过经营模式的改变和建筑设计的创新，既促进了农业经济发展，也为自身发展增添了活力和竞争力。

案例赏析

纵览全球菜市场，不难发现，虽然不同国度的菜市场风格各有特色，但它们在选择经营位置、打造经营场景、解决客群需求等方面又存在诸多相同之处。

位于城市核心区

从全球知名菜市场的位置就可以看出，它们大多坐落在城市核心区。比如，匈牙利克劳扎尔农贸市场，占地面积7000平方米，位于繁华的首都布达佩斯；日本驻地市场，建筑面积23万平方米，位于东京银座附近；墨西哥罗马美食市场，占地1570平方米，位于墨西哥城……

菜市场与民众的生活息息相关，在这样寸土寸金的城市黄金商业地段建设菜市场，是因为这里有大型居民区，人员比较密集，客源丰富且稳定，而且这里往往政策利好，商业氛围浓厚，可以为菜市场带来可观的商业利润。选择城市核心区作为菜市场的经营

欲 路 勿 染　理 路 勿 退

006

地，不失为一种好的选择。

外观设计注重艺术美感

当前，菜市场与时代一同进步，在改变以往的"脏、乱、差"，以及压抑、闷热形象之后，开始追求艺术美感并为此进行改造和升级。在设计上，将自然风光、复古艺术、现代艺术、抽象图形等融入其中，大大增加了菜市场的氛围与格调。

芬兰赫尔辛基市场，其设计像是将巴洛克风格的教堂与火车站相结合，用红砖砌成的外墙使得整个菜市场呈现出红色调，看起来十分别致，而且还透露着极强的复古艺术感。走进内部就会发现赫尔辛基市场就好像是一座艺术博物馆，其设计借鉴了欧洲其他大城市的室内市场，同时融入了芬兰独有的审美和艺术趣味，整体具有了浓烈的艺术氛围。

芬兰赫尔辛基市场大厅的新鲜海鲜

一边是浓浓市井的烟火气，一边是潮流市场的艺术气息，它们的完美融合，使得菜市场极具吸引力，这样的创新设计不但满足了消费者对菜市场的功能需求，而且还让市场更具特色，同时还提升了消费者的消费体验，增强了消费者的购买欲望。

匈牙利布达佩斯市场内部设计——火车站台风格

多业态复合

随着时代的进步，菜市场也在不断蜕变、演化与创新，"多业态"成为全新经营模式。

在摊位设计过程中，将多种业态融合发展考虑其中，使得越来越多的菜市场成为集卖菜、购物、餐饮、娱乐于一体的多功能复合型场所，最大限度地提升了菜市场的空间利用价值，一站式解决了人们的一系列需求，为菜市场带来更多的经济效益。

我国香港本湾市场因其"农贸+美食"的复合业态受到了大众的喜爱，在这里既有新鲜时令果蔬、肉蛋等售卖，也有借助这些食材优势扩展了的美食业态，前来逛市场的人们可以直接在这里享用由新鲜食材加工而成的美食。

承载历史传承文化

在菜市场中融入历史和文化特色，可使其在当前全球同质化的商业中充分体现出地域的差异化和个性化特点。纵观全球知名菜市场，很多在运营过程中都融入了当地历史和文化，向每一位前来的消费者讲述历史故事、传输文化色彩，看起来好像是一个旅游景点。国际上很多知名的菜市场都是人们必去的打卡地。

英国伦敦博罗市场是依托当地文化、生活资源等建立起来的菜市场，也是人们一往情深的根本所在。来这里的人们除了寻找美食之外，就是为了体验当地文化，正是因此，博罗市场成为人们来伦敦必去的打卡地。

注重精神需求满足

菜市场本身是一个十分接地气的地方，以人为本，注重精神需求的满足也是世界所有菜市场的一个共同特性。

当下，许多菜市场在满足人们"菜篮子"需求的基础上，还开辟了民俗、阅读、展览等文化创意活动。

美国纽约曼哈顿切尔西市场坐落在曼哈顿切尔西画廊区。在这里逛市场，就好比在逛艺术中心。人们闲逛的时候，还能欣赏画展获得视觉上的享受，因此这个菜市场受到很多不同群体的追捧，同时也是时髦人士的心头好。

国际视野

荷兰鹿特丹缤纷菜市场

荷兰鹿特丹缤纷菜市场被称为世界上最美的菜市场。该市场因为独一无二的设计和艺术感成为荷兰鹿特丹的一个重要地标，吸引了世界各地无数游客到此观光打卡。

荷兰鹿特丹缤纷菜市场

建设地点：荷兰·鹿特丹
占地面积：8000平方米
完工时间：2014年

科学设计合理布局

缤纷菜市场的整体设计是一个灰色的马蹄形拱形结构，其建筑设计共分为三个部分。

第一部分是地下四层可以容纳1200个泊位的停车场，也是鹿特丹市中心最大的停车场，不但方便民众出行，还为菜市场运输提供了便利。

第二部分是由两侧和顶部200多间公寓组成的建筑，这些公寓缓解了当地住房的刚需，所有的公寓房间都是横向设计，通过玻璃窗既可以看到外面的风景，也可以看到熙熙攘攘的菜市场全貌，玻璃的密封效果很好，不会被外面的嘈杂声和气味所干扰。

第三部分是地面一层，是专门出售菜品的菜市场。

融入美学富丽堂皇

缤纷市场的里面干净明亮，室内的设计既前卫又时尚。走进拱廊内部，映入眼帘的是

菜市场上方的巨幅壁画。这幅名为"丰饶之角"的巨型壁画是超写实的各类水果、蔬菜、花卉、面包等集合题材的壁画，其色彩缤纷艳丽，画作内容十分逼真，在夜晚灯光的照射下，整个画作显得更加绚烂。从外面看，则给人一种富丽堂皇的感觉，漂亮的同时不失大气，惊艳着整个街区，让人们觉得它不单单是一个菜市场，更是一座精湛的工艺品建筑。

注重综合性打造"生活港"

缤纷菜市场从表面看是菜市场，但实际上是一个综合性大社区。这里已经不再是单一的菜品售卖场所，还设有酒店、咖啡店、超市、酒吧、电影院、公寓、停车场、艺术展厅等设施，在这里人们除了可以买菜，还可以享受休闲时光。

荷兰鹿特丹缤纷菜市场

学会感恩　切戒刻薄

匈牙利布达佩斯中央市场

匈牙利布达佩斯中央市场是布达佩斯最大的菜市场，堪称"菜市龙头"。当地居民都非常喜欢这个大型菜市场，来这里采购已成为他们日常生活的一部分。

中央市场古老且颇具民族特色，可以说是布达佩斯普通居民日常生活甚至是匈牙利经济浓缩的一扇小窗口。这里每天都热闹非凡，南来北往的民众在这里不但能获得视觉和味觉上的享受，还能感受到当地居民特有的生活风貌，因此，这里也吸引了越来越多游客的目光。

匈牙利布达佩斯中央市场

建设地点：匈牙利·布达佩斯
占地面积：10000平方米
完工时间：1887年

以建筑做品牌

中央市场是一座外表壮观华丽的新哥特式建筑，巨大的拱形窗户配以镂空的大门以及矗立在两旁的柱子，极富浓厚的艺术感。可以说，这样的建筑本身，便是菜市场的"特殊"品牌。

面对这样一座具有地标性意义的菜市场，人们的"抵御力"几乎为零，不仅布达佩斯市市民乐于光顾于此，各地游客也将这里视为旅行过程中的打卡地之一。中央市场已经成为城市名片之一。

分区明确各有侧重

走进中央市场，场内面积非常大，内部光线透亮，整体从远处看就像一座古老的火车站台。

中央市场内的商品琳琅满目，共分为三层。

地下一层，主要是售卖海鲜以及杂货等，每逢周末还会有各种品尝美食的活动，吸引人们前来参加。

第一层，主要销售食品，诸如肉类、奶酪、水果、蔬菜，还有正宗的红椒香肠等，人们逛累了，就可以在这里享受美食。

第二层，主要出售匈牙利民族风格的手工艺品，这里颇具当地文化味道，人们可以买到他们喜欢的工艺品、纪念品等。

明确的区域划分，避免了传统菜市场由于混杂经营而产生的卫生、气味、视觉环境等因素的相互影响，同时为消费者提供了更为清晰便利的目标引导，集中品类的销售模式也为区域化设计带来了更多创意空间。

匈牙利布达佩斯中央市场大厅

行业前沿

香港中环街市

香港中环街市位于香港黄金地段中环闹市的一隅，这里曾因极高的土地价值而被拆除后重建，用于商业发展，在经历多次重新改造和规划后，才有了如今的繁华，成为以售卖生活用品和生鲜食品为主的街区市场。

> ## 香港中环街市
>
> 建设地点：中国香港·中环
> 占地面积：12000平方米
> 完工时间：2021年

承前启后注重情怀共鸣

如今的中环街市，从整体上看风格简约，是一座四层高的长方形建筑，呈圆角，沿袭了1939年中环街市建筑的典型特色，突出了整个建筑外观的流线型特点，中央设有露天中庭，不但可以改善街市内人员流动，还可以增加光线和空气流通。中环街市的设计简单灵活，实用性强。

走进中环街市，500多个袖珍版红色鸡蛋灯映入眼帘，让整个街市充满了熙熙攘攘的热闹气氛。在中环街市里有一个用水磨石制成的主楼梯，这是一个极具原生态的建筑设计，用石面精心设计和修复，使得最原始的历史痕迹得以保留，吸引了不少市民前来"打卡"，也吸引了不少摄影大师前来取景拍摄。

打造市场特色疏通"寻味"之旅

中环街市共有四层楼，从业态上看，主要"以食为主"。地下一层是一个美食广场，地上一层是香港特色的零售与小吃，第二层是汇集全球的零售美食小吃街，第三层则被作为职员宿舍和市场管理区域。

中环街市一共分为七个区域：第一区域售卖各种肉类，第二区域售卖水果和蔬菜，第三区域售卖家禽，第四区域主推咸鱼，第五区域售卖新鲜鱼类，第六区域为种植室，第七区域为货币兑换处。

流动无边界的空间设计，使得人们不受墙壁、走廊等限制和约束，自由前往心仪区域；时尚先锋并融合传统文化元素的空间点缀，使得街区充满活力与艺术气息。

与此同时，市场在经营过程中给予了城市人文极大的尊重，同样打造出了一条特殊的无边界"时光记忆"通道。

作为一个有着悠久历史菜市场，中环街市在"传承"与"新生"中找到了平衡点，使得每个时期的特色得以延续，成为香港菜市场领域的活样本，由此焕发出新的活力。

中环街市建筑外观——改造前

II 行业篇
HANG YE PIAN

第二章

中国之路：
步步铿锵的生活写照

菜市场承载着一个国家、一座城市、一个区域的人间烟火。菜市场的发展印迹是大众生活、民生服务、经济建设的反映。中国菜市场行业的发展脚步，与时光同步，与时代同频。

我国菜市场发展简史

我国菜市场发展几经沧桑与蜕变，在不同阶段具有不同的特点。在历经各个发展阶段之后，我国的菜市场从最初的形态发展到今天，已有了翻天覆地的变化。

菜市场雏形初现

菜市场是我国的一大特色，古已有之，其深厚的历史底蕴也彰显着她独特的魅力。在我国历史上，菜市场不仅是满足人们日常消费需求的场所，更是促进城乡间产生交互作用的驱动力之一。

菜市场溯源

我国历朝历代的皇室都将江山社稷看得很重，"江山"即疆土，"社"即"土神"，"稷"即谷神，可见，老百姓的"吃"是头等大事，菜市场作为"吃"的供应站，一方面连着百姓民生，另一方面关乎国家兴盛与繁荣。

《易经》中有这样一句话："日中为市，致天下之民，聚天下之货，交易而退，各得其所。"这句话为我们描述了古代人们开辟集市、以物换物、互通有无的场景，充分

菜市场早期沿街售卖场景——乐业集团菜市场博物馆展示

体现了菜市场作为一种古老的商业形态，具有的悠久历史以及其存在的本质。

秦汉时期的菜市场

秦汉时期，货币出现，伴随而来的是露天集贸市场的出现。此时，以物换物和货币换物两种形式同时存在。集贸市场，一种是民众基于日常需求而自发形成的集市，另一种是官府为方便管理建设而成的集市。

集市中还专门设有市楼，又称亭、旗亭或市亭，专门为集市管理的官署经营管理使用，集市内的所有经营者、摊贩，都必须按经营商品的种类进行分门别类排列，成为列、肆、次或列肆、市肆、市列。

唐宋时期的菜市场

到了唐朝，出现了一些特殊的市场，如金属制品市场、城外牲畜交易市场等。《马可·波罗游记》中记载了13世纪唐朝丝绸市场壮观的景象。根据记载仅杭州就有10个农贸市场，其规模庞大，令人叹为观止。

宋朝时期，菜市场的概念开始形成。当时实行"坊市分治"，其中的"坊"就是住所，"市"就是街市，市内不住人，坊间不设店，这就是菜市场最早的形态。从北宋奇书《东京梦华录》中所描述的内容不难发现，当时东京汴梁城的商业集市已经初具规模，售卖的生活物品应有尽有。

两宋时期，我国的商贸集市格局规划有序，不仅白天可以做买卖，而且晚上也没有宵禁，可以继续开放，这也是最早的夜市。

菜市场早期沿街售卖场景——乐业集团菜市场博物馆展示

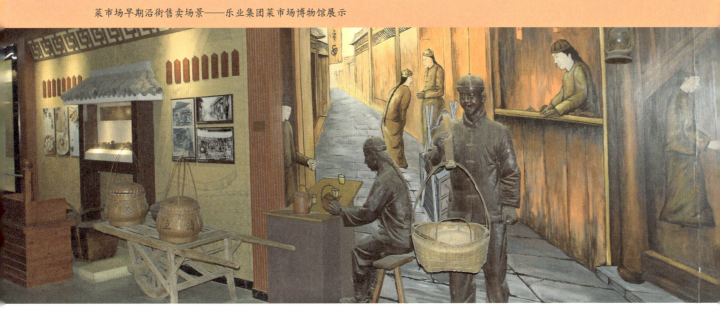

元、明、清时期的菜市场

元代，商业发展一片繁荣景象，商业市场分工进一步细化和完善。当时，很多地方按照产品种类设置专门的商业贸易区，如药市、花市、米市、肉市、菜市、鲜鱼市、布市等。

明、清时期，手工贸易集市大量兴起，大量地名就能映射出当时经济发展状况以及百姓生活的状况，如很多地方的地名中有"市""坊""廊""巷""街"等字，"市"即交易地点，"坊"指工场，"廊""巷""街"即当时的商业街，如染料业的染料坊，油糖酒业的白酒坊，经营妇女用品的胭脂巷，专业菜市场有菱角市、鱼市街等。

清朝末年，摊贩开始有了固定摊位进行经营和交易，这是现代农贸市场的前身。

专业化室内菜市场的出现

在我国近代农贸市场的发展进程中，上海农贸市场最具特色。在明末清初时期，上海的港口经济呈现一片繁忙景象，商业街区的热闹程度在当时全国也堪称领先。

1864年，在上海法租界建成了中央菜场，其特点就是菜贩开始聚集在大棚里卖菜，每个菜贩需要缴纳一定的摊位租金，并遵守菜场相关规范、秩序等，要求所有商户进入菜场内摆摊，不得私自经营，由丁商户的自觉性不够，再加上管控力度不足，中央菜场开业不到一年便宣告停业，但上海中央菜场的出现标志着我国第一个专业化室内菜市场的正式问世。

我国当代菜市场进化史

我国现代化的菜市场虽然发展历史不算长，但其发展和进化的速度却是全世界最快的，无论是菜市场建设的硬件形式还是软件配套，都已成为全世界发展最快的新兴典型性市场。

菜市场1.0：传统路边集市

我国最早的菜市场就是传统的路边集市，这一阶段可以称为我国当代菜市场1.0阶段。

路边集市，就是个体户自产自销农副产品，在城区人口密集的地方，如人行道、交叉路口等，设置自己的摊点。

路边集市虽然是一种原始的菜市场形式，但也在菜市场发展史上有其抹不掉的优势和社会功能。一方面，对于经营者来说，不仅可以实现零成本经营，而且还可以随时根据人流量进行流动式经营，方便灵活。另一方面，对于消费者来讲，可以一出门就能低价买到自己所需要的菜品，使消费者获得了极大的便利和实惠。

但路边集市往往随意摆摊设点，导致卫生环境差，不但占用了马路，妨碍车辆和行人通行，也存在较大的安全隐患。

路边集市

菜市场2.0：大棚菜市场

随着生活节奏的加快，城市建设进程日新月异，原始的路边市场也逐渐被更新替代。

20世纪60年代，大棚菜市场进入了人们的视野。大棚菜市场造价低廉，可以为经营者遮风挡雨，同时实现了固定经营，与路边集市相比有很大的优势。因此，大棚菜市场在我国迅速兴起，并逐渐延伸到乡镇。

到了20世纪90年代，大棚菜市场的发展达到了最高峰，其周边汇集了大量小商品市场，大棚菜市场和小商品市场得以相互引流，实现了双赢。

大棚菜市场

菜市场3.0：文明规范菜市场

随着人们对菜品安全、消费环境以及市场服务等重视程度的提高，菜市场也随之不断进行规范升级和运营。文明规范菜市场的出现，标志着菜市场3.0时代的到来。

全新的文明规范菜市场必须满足以下标准[1]。

1. 必须设有宣传核心价值观、诚信主题、文明健康、绿色环保等内容的公益宣传广告牌。

2. 环境卫生状况良好，摊位摆放有序，无占道经营现象。

---

[1] 不同地方的菜市场文明规范标准略有不同。

3. 市场基础配套设施和整体功能完备，菜市场设计凸显人性化、个性化。

4. 菜市场设计要既科学，又美观。

5. 菜市场内设有独立网络，具有网上交易功能。

6. 消防自动报警器和防盗监控系统齐全。

7. 市场规模和管理应达到大型商超水平，能提供销货凭证。

8. 食品安全无过期、变质食品。经营摊位证件齐全，经营人员统一穿戴工作服、帽。

9. 经营者文明用语，规范服务。

10. 垃圾定点投放、分类，及时清运。

乐业集团提升改造前王串场社区菜市场

菜市场4.0：标准化菜市场

为了对菜市场进行进一步规范，国家在2011年推出了《标准化菜市场设施与管理规范》，此后全国各地都按照各自地域特征，推出了具有地域性的《标准化菜市场设施与管理规范》。这标志着国家对菜市场经营有了明确的标准化经营规范，菜市场发展进入标准化菜市场时代。

喜悦安危　勿介于心

菜市场标准化使得菜市场的发展又上了一个新的台阶，不仅便于提升经营者的整体素质，也便于更好地管理，还有助于提升菜市场的整体形象，为消费者提供更加舒适、有序、便捷、安全的购物环境。

乐业集团首个标准化菜市场——天津市河西区美丽的菜市场三水道店

菜市场5.0：创意化菜市场

在菜市场经营得到标准化规范之后，人们在追求菜市场的日常生活烟火气的基础上，对菜市场购物环境提出了更高的要求，由此推动菜市场进入5.0时代。

许多菜市场都将创意元素融入菜市场设计之中，使传统的菜市场风格发生了巨大变化，设计感、艺术感、审美文化等成了全新菜市场的代名词，菜市场的功能也从传统的单一买菜卖菜功能，向其他方向迁移。

把文化融入菜市场，如同静静地讲述着过去的故事，连接着现代与历史的桥梁，以一种朴实无华的方式展现着对生活的热爱和对文化的尊重。菜市场，不仅仅是一个买卖的场所，更是一座文化的宝库，等待着我们去发现、去品味、去珍惜。

菜市场博物馆内场景——乐业集团中山路菜市场二楼

乐业集团南开区美丽菜市场林苑店的艺术创意

闲时吃紧　忙时悠闲

菜市场6.0：智慧化菜市场

随着科技的不断进步，互联网、云计算、物联网、大数据、区块链等技术的不断普及，菜市场也在不断升级、改造的过程中实现了华丽转身，智慧化菜市场作为菜市场6.0时代的全新形式闪亮登场，并在全国各地迅速铺开。

在售卖方面，不仅安装智慧终端设备为消费者提供菜品价格查询服务，还在每个摊位上安装智能溯源秤，防止商户作弊，以为消费者打造公平的智慧化菜市场。

在售价方面，不仅可以通过智能终端对市场和经营者的基本信息进行查询，还可以对交易完成后的小票进行溯源。这些使得市场整体对消费者来说都是透明的，消费者也会买得放心。

智慧化菜市场不仅实现了经营流程化、管理现代化、购物智慧化、市场透明化、信息网络化，而且更是以全新的面貌服务于消费者，进而提升了消费者的幸福感。智慧化菜市场的出现打开了菜市场发展的新格局，并形成了全方位的巨大突破，由此，菜市场迎来了又一次飞跃，焕发了新的生机。

乐业集团的智慧化菜市场数字大屏

天津菜市场发展史及现状

天津地理位置优越，有着深厚的文化历史底蕴。天津菜市场已有六百年的历史，并随着时代的变迁，迎来了巨大变革。

明、清时期的天津菜市场

"书画琴棋诗酒花，当年件件不离它，而今七事都变更，柴米油盐酱醋茶。"这是清代天津诗人查为仁《莲坡诗话》里描述的四句话。

天津的菜市场雏形诞生于明、清时期，得益于海河内河交通和漕运的发展，天津逐渐成为北方商品的集散地。据《天津卫志》记载，当时城内有五个集市，即宝泉集、仁厚集、货泉集、富有集、大道集，到明弘治六年（1493年）又在城外添加"五集一市"，即通济集、丰乐集、恒足集、永丰集、宫前集及安西市，各集每旬一次，十集轮过正好一天一个。当时流传"天津卫、天天集，今天不齐明天齐"的说法，可见集市贸易的繁盛。

1860年天津开埠后，随着城市的扩大，人口增加和工商户增多，到了清光绪年间，东浮桥一带已形成天津近代菜市的雏形，有的商贩盖起了形形色色的小屋，逐渐成为蔬菜集散地。东浮桥菜市是天津历史上最早的菜市。

明清时期的菜市藏着不少"高手"，糖堆儿丁大少，就是其中一位。清末，北大关的丁家大少名丁伯钰，精饮馔，八国联军侵华后家道衰微，丁大少以特制糖堆儿售卖维持生计，料好火佳，糖渣掉皮袍上也不粘毛，而且糖堆儿上的红果夹豆馅，就是丁大少的首创。

丁大少每天只上街一次，而且伙计所挑的糖堆儿每天的数量不变，从大伙巷出来向南，拐进针市街，过肉市口，再向北到竹竿巷，最后才绕到估衣街、锅店街一路，这个路线是常年不做更改的。天津卖糖堆儿的一般吆喝："红果大糖堆儿！"或"堆儿……"丁大少雇人挑担，他随行在后从不出声，但一入斜阳旧巷糖堆儿即售卖一空。

民国时期的天津菜市场

　　1860年天津开埠通商，得天独厚的地理位置让天津成为中国与西方世界联系的窗口，加之其政治、军事地位的上升，天津逐渐成为华北地区乃至我国北方重要城市，与上海、青岛一起有"上青天"的称号，足以说明其繁荣程度。以历史文化为底色，民国时期的菜市场特点鲜明——租界菜市场及买办菜市场。

　　自1860年英国设立首个租界后，先后有法、美、德等9个国家在津设立租界，租界内侨民聚集的地方也形成了一些菜市，租界当局为了强化管理，分别建起了大型封闭式菜市场，如英租界菜市场、法租界菜市场、意租界菜市场、日租界菜市场等，其中又以英租界菜市场（大沽路菜市场）和法租界菜市场（长春道菜市场）规模最大。

　　法租界菜市场，承载了几代天津人的记忆，20世纪初，法租界当局建立了法国菜市场，共设菜棚、肉棚、鸡鸭棚等三个罩棚，所有摊贩分门别类进入棚厅销售。待法租界公议局大楼——克雷孟梭广场（今承德道天津文化局大楼）建成后，法租界工部局发现，在最繁华的街道中心设立菜市场是不适宜的，故1921年，在法租界北部（今长春道）新建了一个近千平方米的菜市场，临近当时的马家口码头，毗邻货源，所售商品价格于一些消费者而言都很适中。

民国时期天津租界的英国菜市（解放后的大沽路菜市场）

菜市场由法租界管理，为了规范管理，还出台了《菜市章程》，规定"凡在菜市营业者，必须保证清洁卫生、服从巡捕的指挥、缴纳捐费，否则处五十元以下罚款……每日由卫生处检验一次或多次，凡不新鲜及不卫生之肉品可以没收，立即销毁，并处以罚金处分"等。此外，市场内的摊位按位置、面积不同，适用不同的收费标准。

1956年，法租界菜市场更名为"长春道副食品综合市场"，1985年重建后再次更名为"天津市副食中心商场"。在天津人的记忆里，这个市场其商品新颖齐全，每逢八月十五、春节这样的大节日或是家中办喜事，以及机关单位的批量采购都会选择这里。2014年，承载了几代天津人生活记忆的长春道市场成了历史。

除上述租界菜市场以外，天津当时还有东浮桥菜市场、东南角菜市场、官银号菜市场、西北角菜市场等四大本土菜市场。

这一时期天津菜市场的经营方式，大体上分为自营、代理、"赶羊"三种类型。

自营：自行采购、自行推销的独立经营形式，其特点为有相当的资金做支撑，并有一定的场地和从业人员。

代理：稍有资金的中等户，依靠城市郊区菜农供货，由其代替菜农办理一切推销事宜，然后收取卖方5%～8%的手续费（扣佣或居间收入）。

"赶羊"：一些资金较少或没有本钱的小户和摊贩，从自营户或代理户赊进一批蔬菜，进行加工整理，由整破零后，走街串巷再加价出售。

菜市场博物馆内场景——乐业集团中山路菜市场二楼

新中国成立后的天津菜市场

新中国成立初期，是国民经济恢复时期和对民族工商业改造时期，原来的摊贩市场实施收减政策，出现了混合经济成分并存的菜市场。

中共八大报告中提出，对于市场管理应取消过严过死的限制，应允许国家领导下的自由市场的存在和一定程度的发展，作为国家市场的补充。1957年天津市政府出台了《天津市市场管理暂行办法》，规定粮油等十余类商品实施统购统销，其中水产品、蔬菜、干鲜果品等农副产品均属国家领导下的自由市场物资，菜市场行业全面实行公私合营和统购统销，蔬菜价格由过去多变的价格体系，改为根据全年平均价格水平及当天上市情况确定每个品种的收购价格和零售价格，全市实行统一价格。

城市常住市民的日常所需的生活物资，分别由国有成分的粮店、副食店、糖果店、菜店、水产店、茶叶店等保供，市民必须持粮本、副食本及各种票证才能购买所需商品。

新中国成立后，合作社如雨后春笋般出现，不仅保证了社员日常生活用品的供给，还能杜绝私商哄抬粮价，对稳定物价、安定市民生活起到了极大的作用，因而得到市民的广泛认可。

计划经济时期使用的粮票

菜市场博物馆——乐业集团望海楼社区中山路菜市场

改革开放后的天津菜市场

十一届三中全会后，天津市菜市场行业进入新阶段，提出了开放城市农副产品市场，即百姓口中的自由市场、农贸市场，随即中山门新村、八纬路、资水道、安定里、幸福道、长春道、四号路、五爱道、大伙巷、陵园路、烈士路、北塘、东沽、向阳街、寨上、汉沽等16处马路露天市场先后投入运营。开放后，购销两旺，对蔬菜、瓜果、水

产品、肉、蛋等部分商品放开搞活，调剂了淡旺季的余缺，极大地满足了城市市民在品种、数量、质量、价格等多方面的需求。

20世纪90年代末期，国家对服务行业进行所有制改革，全市百分之九十的社区菜市场均由民营资本注入和运营，从而开启了都市社区商业便利运营模式的新篇章。

2001年8月，为加快实施天津市市区占路农贸市场的建厅退路工作，巩固城市环境秩序综合治理成果，天津市人民政府颁布的《天津市占路农贸市场建厅退路的若干规定》（津政发〔2001〕62号）中明确"严格按照标准合理规划农贸市场，新建、在建及预建居民住宅区必须按照每万人1500平方米以上面积预留农贸市场的建设用地……任何单位都不准审批或设立新的占路农贸市场……减免市场主办方土地租金及各类工商管理费用"等，大力支持占路市场"退路进厅"，由此加快了封闭式大棚菜市场的建设进程。

原有的大棚式菜市场

21世纪初传统天津菜市场提升改造

自2004年以来，菜市场建设每年都被纳入天津市商务重点工作，2005年开始被写入市委工作要点和市政府工作报告，菜市场提升改造建设也被列入市政府"改善城乡人民生活20件实事"，足见行业发展的重要性。由于百姓日新月异的消费需求，"创文创

卫"的工作要求以及政府的关注及政策支持，继"退路进厅"之后，天津菜市场行业进入了"提升改造"阶段，提升市场建设标准、完善市场购物环境，规范市场经营管理标准。这一时期，天津菜市场行业有两大变化。

第一是新兴岛台式摊位设计。"退路进厅"后的菜市场，采用的都是"大通铺"式的长条形摊位，这种设计使得市场内的摊位有了"好坏之分"，市场客流大多集中在靠近出入口的摊位，除非特别需要某样商品才会往里走。"岛台"式的摊位设计就打破了这一"困局"，岛台均匀分布于市场内，四周均可通过，一方面优化了市场环境，另一方面合理分散了客流，让消费者舒适地买、商户开心地卖。

第二是创意菜市场的出现。在前面几代菜市场的基础上，2016年前后，天津市菜市场开始将"文化"元素嵌入市场建设中，各类不同主题的文创型菜市场出现在大众视野，如田园风、复古风、现代简约风等；公共卫生间、公共水房、残疾人专用通道、垃圾房等标准化菜市场所需配套服务设施愈加完善，同时一些便民服务类的经营品类入驻菜市场与传统农贸菜市场一同打造一站式购物环境。

这一阶段除硬件环境的升级换代外，菜市场行业的建设管理标准也在不断完善。2007年天津市人民政府令第121号《天津市菜市场管理办法》、2014年天津市商务局《天津市新建住宅配套菜市场经营管理规定（试行）》（津商务市场〔2014〕15号）等管理规范的颁布实施，标志着天津市菜市场行业，从"野蛮生长"的快速崛起阶段，进入"不断精进"的精细化发展阶段。

乐业集团原河北区王串场社区菜市场

前言　　罗澍伟

中华民族的饮食习俗，历来是粮、蔬并重。天津依河傍海，历史上盛产河海两鲜，"藕荷之乡"，四时弗绝，"集市"和菜市素称发达。

有人说，生活，一半靠回忆，一半靠继续。人生苦短，百年而已，而文物长存，纸寿千年，木、石、铜、瓷、玉可达万年。筹建全国首家集收藏、展示，民俗和传统技艺于一体的菜市场博物馆，让文化服务于民生，是众多商户的夙愿，菜市场也会因此有了精神气韵。谁能认为，"卖菜的不懂文化"？

中山路菜市场博物馆毗邻的中山公园是伟大革命先行者孙中山讲演的地方，附近的十月电影院曾经影响了几代人的生活，菜市场博物馆的所有展示都与百姓息息相关，绵绵相依。这是一座"接地气"的博物馆，开放后一定会产生与众不同的魅力。

乐氏公司高质量的努力，以及与商户的倾心合作仅是开始，众多商户才是博物馆的真正主人！

菜市场博物馆内场景——乐业集团中山路菜市场二楼

人文逸事话市场

　　菜市场作为一个微缩版的社会，这里不但关乎百姓日常生活的柴、米、油、盐、酱、醋、茶，同时也是离诗和远方最近的地方，在千百年来演化成型的过程中，菜市场有很多趣闻逸事值得品鉴和回味。

文人墨客眼中的菜市场

　　菜市场虽说是一个接地气、充满烟火气息的地方，但自古以来也是一个吸引无数文人墨客的地方，这使得菜市场成为一个承载文化的独特载体。

　　唐朝时期，有不少诗人写过有关集市的古诗。如杜荀鹤的《送人游吴》中有一句"夜市卖菱藕，春船载绮罗"，描写的就是唐朝夜市的繁荣景象。

　　北宋时期，有很多以市廛（街市上的商店）为题材的诗歌，表达菜市场的繁荣，抒发对菜市场的感受。苏轼的《籴米》一诗中写道："籴米买束薪，百物资之市"从买米、买柴这样的日常生活落笔，对"百物资之市"进行感慨，认为在"百物资之市"可以买到任何与生活息息相关的生活用品，以此表示对当时市场资源丰富的赞扬。

　　另外，北宋绘画大师张择端的《清明上河图》描绘的是汴京以及汴河两岸的自然风光和城内街市的繁荣景象。中国当代小说家、散文家、戏剧家汪曾祺，每去一个地方，最爱逛的就是当地菜市场，在他眼中菜市场内"生鸡活鸭、鲜鱼水菜，碧绿的黄瓜，通红的辣椒，热热闹闹，挨挨挤挤"的景象，散发出了"一种辛劳、笃实、轻甜、微苦的生活气息"，"让人感到一种生之乐趣"。

菜市场行业中的鼻祖

米粮业鼻祖——闻仲

　　在武王伐纣时期，闻仲在出征前，为了备好士兵军粮，就用饴糖与炒熟的谷粉混合

制作成糖饼，然后将其风干，便于士兵行军携带。这就是我国糕点的雏形，闻仲也因此而成为米粮业鼻祖。

糕饼业鼻祖——诸葛亮

据民间传说，诸葛亮是馒头、锅盔的创始人，被誉为糕饼业鼻祖。

传说，在诸葛亮行军遇到河水阻拦时，按照当地习俗需要用活人祭祀河神。诸葛亮不忍残害百姓性命，就用面团做成了人头的形状祭祀河神，汹涌的河水真的平静了下来。

在一次行军打仗时，由于一些原因不方便埋锅做饭，诸葛亮就突发奇想，将面团放在士兵的头盔中压成比较薄的面饼，然后用火烤熟，没想到这样做出来的美食既美味又省去了埋锅的麻烦。

烤鸭业鼻祖——朱元璋

明朝开国皇帝朱元璋十几岁时，父母双亡，孤苦伶仃的他靠吃百家饭、穿百家衣长大。小时候，他给财主家放牛，实在饿得不行时，就杀了财主家的一头牛，用火烤着吃。为了不受财主的责罚，朱元璋把牛头夹在山南的石缝里，装作牛钻到石缝里出不来的样子。财主使劲拽牛尾却没能成功，最后无奈地走了。朱元璋因此逃过一劫，后来财主不让朱元璋放牛，而是让他放鸭，他又与小伙伴偷着把鸭子烤了吃。

朱元璋起义成功称帝后，整天山珍海味吃腻了，便怀念起小时候吃烤鸭的味道，于是命御厨按着自己小时候的方法做烤鸭，并取名"烤鸭"。后来，明朝迁都北京，烤鸭技术随之也传到了北京，"北京烤鸭"自此得名。

蔬菜业鼻祖——青苗神

据说，青苗神经常为种田的人家驱鬼，每天夜里在田野里，就会有一个看不出头和脚，却只见一个翻着跟头走路并发出"噔噔"响声的东西，人们称之为"青苗神"，只要青苗神一出来，鬼怪就不敢到田野里闲逛，虽然古书上并没有对青苗神的相关记载，但青苗神的传说，却因为其对乡间田野里菜苗的守护，而将其奉为蔬菜业鼻祖。

豆腐业鼻祖——刘安

说到豆腐，相传是淮南王刘安在炼丹时无意间炼出了豆腐脑。当时淮南一带盛产优质大豆，这里的山民自古就有用水磨豆浆作为饮料的习惯，刘安入乡随俗，每天早晨也总爱喝上一碗。一天，刘安在炉旁看炼丹出神，竟忘了手中端着的豆浆碗，手一撒豆浆泼到了炉旁供炼丹的一小块石膏上，不多时那块石膏不见了，液体的豆浆却变成了一摊白生生、嫩嘟嘟的东西，八公山的修三田大胆地尝了尝，觉得很是美味可口，可惜太少

了，能不能再做出一些让大家来尝尝呢，刘安就让人把他没喝完的豆浆连锅一起端来，把石膏碾碎搅拌到豆浆里，一时间，又结出了一锅白生生、嫩嘟嘟的东西。刘安连呼"离奇、离奇"。这就是八公山豆腐初名"黎祁"，寓意"离奇"的谐音。

秤：市场的交易媒介

说菜市场的发展史，就不得不说说"秤"这一菜市场的交易工具。

杆秤秤杆上一般有十六个刻度，每个刻度代表一两，这表明我国早期的度量衡中，以十六两为一斤，所以人们常说的"半斤八两"是等量关系。相传是范蠡发明了秤，又用北斗七星和南斗六星作为计量刻度，除了这十三颗星外还余三颗星，分别代表福、禄、寿，如果商人给顾客称量货物少一两，则缺"福"；少给二两，则表示既缺"福"还缺"禄"；少给三两，则"福、禄、寿"俱缺。这可以算得上是毒誓了。

古代秤杆——乐业集团中山路菜市场二楼菜市场博物馆内展示

III 行业篇
HANG YE PIAN

天津市菜市场经营服务行业协会
成立暨第一届一次会员大会
二〇二〇年六月二十三日

第三章

专项协会：
菜市场有了当家人

随着全国菜市场数量的增加，消费者对于菜市场软硬件，甚至个性化服务均产生了不同层面的需求。相关行业经营者主动深化经营理念，拓展经营思路。伴随相关改造提升工作的进一步开展，全国各地菜市场行业协会如雨后春笋般出现，并在推动菜市场健康有序发展等方面起到了积极的作用。协会引领着菜市场向更加规范化、科学化、智慧化的方向发展，这标志着全国菜市场行业发展迈入一个新的阶段。

王乐然：
菜市场行业协会诞生记

　　菜市场是城市文明建设的窗口。随着时代的不断发展，菜市场在经营环境、经营模式、管理模式上都出现了新的变化。

　　目前，国内菜市场众多，但在加强行业管理、行业自律，满足消费者生活需求，探索行业产销模式方面仍需不断提升，这也是国内菜市场行业深入研究的重要课题。

　　恰好一次机会，我去拜访原天津市商务委员会巡视员、常务副主任李胜利主任，我们习惯称呼他为胜利主任。他退休后，主持天津市进出口商会工作。作为主管部门老领导，他一直关心乐业集团和菜市场行业的发展。有一次见面时他对我说："王总，你应该牵头成立一个菜市场行业协会，菜市场行业协会的这杆大旗，你要扛起来！这样有利于这个行业的发展！"

　　后来，胜利主任不止一次跟我提及这件事。刚开始我还没有太动心，可是随着自身企业的发展以及接触越来越多的全国各地的菜市场同行，坦白讲，那时菜市场发展水平参差不齐，更有甚者走偏了方向，胜利主任的话，不断闪现在我的脑海里，也加深了我对行业协会价值的认知。乐业集团深耕菜市场行业三十余年，见证了改革开放后天津市农贸菜市场的发展演变过程，从路边集市、"退路进厅"建大棚市场，到标准化菜市场提升改造，再到文创型菜市场以及后来智慧化菜市场提升改造等发展阶段，积累了行业发展过程中的很多经验以及教训。如果能把天津市菜市场行业的其他同人聚拢在一起，共享资源，分享经验，把天津市菜市场行业发展经验传播出去，将会促进这个行业的规范化发展。胜利主任希望我作为行业探索者，勇挑重担，这是一种责任，更是一种使命。

协会文件1　　　　　　　　　　　协会文件2

2020年7月22日，天津市菜市场经营服务行业协会经天津市民政局正式批准注册成立，一个具备独立法人资格的非营业性社会团体从此诞生了。第一届一次会员大会选举产生了会长单位、副会长单位、理事单位等，乐业集团任会长单位，我有幸当选首任会长。

作为全国首家省级菜市场行业协会，天津市菜市场经营服务行业协会（以下简称协会）是行业相关法律法规及政策的宣传窗口，是行业从业者与政府职能部门间的沟通桥梁，是行业培训与咨询基地，是各会员单位权益保障的坚强后盾，更是行业间与跨行业间资源共享与合作的纽带，通过形式多样和特色鲜明的服务与支持，有效促进行业健康有序的发展。

菜市场行业协会鼓与呼

菜市场设施的完善、购物环境的便利等一系列工作，都是政府工作"接地气"的具体体现，也是民生实事"映民心"的过程，协会在老百姓、商户和政府之间架起了"连心桥"，帮助政府宣传政策，帮助商户排忧解难，帮助百姓解决买菜问题，真正做到了百姓有所呼，政府有回馈，助力整个菜市场行业规范化发展，也从中提高了百姓的幸福指数。

标准引领　典范可循

《净菜市场评定规范》

协会在天津市商务局的指导下和天津市标准化研究院订立的《净菜市场评定规范》，在对天津市净菜加工、流通、配送、销售环节全面调研分析的基础上，广泛探讨、深入实际，具有可操作性和普遍应用性。通过该标准实现规范净菜在菜市场流通的各个环节的超前引领。

用人无疑　唯才所宜

《菜市场诚信计量管理规范》

促进行业标准化建设，完善菜市场经营管理行业发展，努力达到有章可循、有例可依。深挖长期以来消费者与商户之间产生误解与矛盾的根源，协会与天津市市场监督管理委员会、天津市河东区市场监督管理局联合起草《菜市场诚信计量管理规范》。规范的订立使得商户在经营过程中有了指导，市场经营者在管理运营方面也有了更多依据，对市场行业发展规范化起到了积极的促进作用。

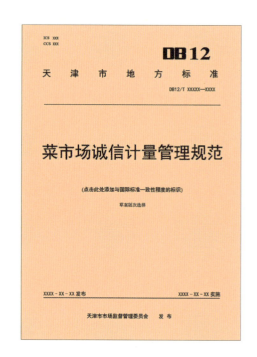

红色党建　信仰领航　汇聚力量　砥砺前行

三方共建思想政治理论课实践教学基地

2023年5月15日，天津大学马克思主义学院与天津市菜市场经营服务行业协会、天津市乐业集团共建天津大学思想政治理论课实践教学基地项目在东丽区新立菜市场正式启动。

树品牌　强党建

天津市河北区望海楼社区中山路菜市场是一个接地气、具人情味的菜市场，于2023年被天津市河北区推荐为"党建引领全覆盖　打造市场红招牌"特色党建品牌。

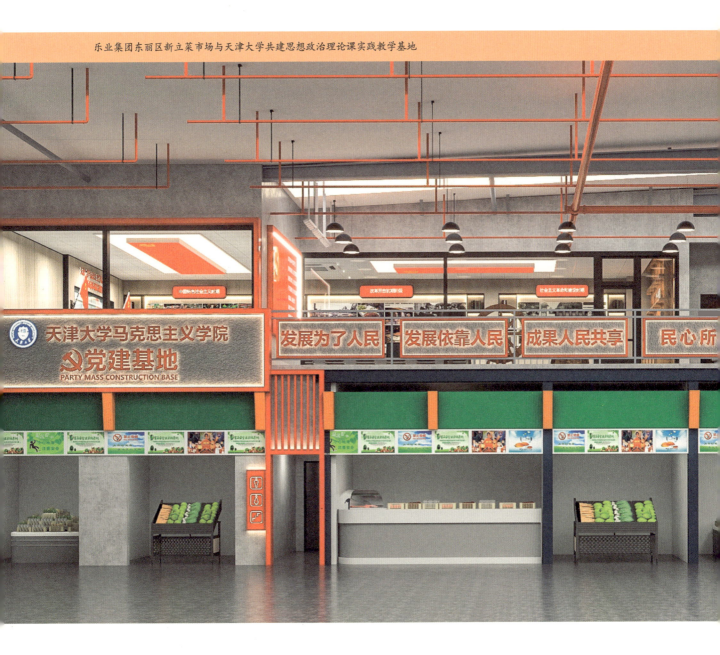

乐业集团东丽区新立菜市场与天津大学共建思想政治理论课实践教学基地

尽心为行业谋发展　尽力为会员办实事

用多种宣传载体，整合一支宣传力量

为了积极宣传菜市场行业政策、行业动态，宣传推荐菜市场行业成员单位等行业资讯，做好与外界的交流沟通，搭建一个畅通的信息互动平台。信息时代讲究的是时间观念和效率，为通过信息宣传交流达到付出最小、回报最大的效果，我们相继创办了行业网站、行业会刊和行业公众号，以宣传企业活动为主导，助力企业引爆客流。

心胸豁达　随遇而安

043

超前布局　赋能拓展

在产业升级换代、技术变革不断的时代，协会作为领军者必须站在数字化风口之上，引领行业新的发展方向，并为会员单位创造更大的价值。在赋能拓展方面，协会积极与其他相关行业协会、企业和组织互通有无，开展联合活动，以扩大协会的影响力和知名度。这种合作拓展不仅可以增加会员单位的数量，也能够为会员单位带来更多的机会和资源。

为了积极宣传菜市场行业政策、行业动态、宣传推荐菜市场行业成员单位等行业资

用 人 如 器　各 取 所 长

044

讯，我们相继创办了行业会刊和行业公众号，菜市场行业会刊以积极宣传主管部门的各类政策资讯为主，以使会员单位及时学习与贯彻，同时也会不定期发布各类招商动态信息，为会员单位招商提供宣传推广渠道。

2021年创刊号
2021年10月
总第01期
内部刊物/免费赠阅
电话:022-87968818
邮箱:jcx87968818@163.com
协会公众号

天津市菜市场经营服务行业协会会刊

主办:天津市菜市场经营服务行业协会　电话:022-87968818　地址:天津市南开区红旗南路与凌宾路交口商会联合大厦1712室

让百姓把新鲜、满意和幸福感一道装进"菜篮子"
——《天津菜市场》发刊词

从前，城市乡村没有规范正规的菜市场，城市的简易市场和农村农贸大集虽然条件简陋，但是商品丰富，热闹非凡，烟火气十足，在满足老百姓日常需求的同时，形成了最接地气的、地域色彩浓厚的菜市场文化，并延续至今。菜市场这个离我们最近，与百姓生活息息相关，但总是不太起眼的行业，默默的为百姓的"菜篮子"做着贡献。

随着城市的发展变迁，菜市场作为城市公共配套和保障设施，是惠民生、促就业、服务百姓的重要平台，直接关系着家家户户的"菜篮子"，功能作用越来越重要。目前天津注册的菜市场300余家，有成千上万个辛勤付出的从业者，为全市1500万人的一日三餐提供服

务，菜市场行业亟需一个行业组织发挥桥梁纽带作用，来规范自律、代言行业、服务会员，引领行业健康稳定地发展。政府各级主管部门因势利导，予以亲切的关怀和大力的支持，天津市菜市场经营服务行业协会像一颗沐浴着阳光雨露的幼苗，应运而生并不断地苗壮成长。菜市场是接地气的保障民生的场所，也是展示城市文明的重要窗口，协会将引导协会会员秉承绿色、繁荣、和谐的立会宗旨，按照政府城市规划，致力于菜市场提升改造和规范运营等具体工作，让天津一批批有着"俊俏模样"、"文化符号"、设施和服务媲美南超的菜市场走进百姓生活，让百姓把新鲜、满意和幸福感一道装进"菜篮子"。

菜市场经营者并非是古板的守旧者，他们渴

望学习新的知识，交流新的经验，提升新的技术。创立此刊也是希望《天津菜市场》能成为一个畅通的交流学习平台，使每位菜市场行业从业者都能通过她及时了解行业信息，关注行业动态，不断提升，不断进步；也希望《天津菜市场》能成为展示菜市场风采的平台，让每一份有价值的信息都能被共同分享，让每一次成功的喜悦都能被及时记录，让每一份宝贵的经验都被汲取交流。

《天津菜市场》是协会会刊，承载的是天津菜市场发展蓝图，在首刊初创之际，祝愿她陪伴天津菜市场行业，共同成长，不断进步!

——协会会长　王乐然

天津市菜市场经营服务行业协会创刊号报头

协会发布《关于做好春节期间菜市场蔬菜保供稳价工作的倡议书》

各菜市场会员单位:

我市突发疫情后，各菜市场单位和菜市场广大商户主动承担社会责任，在保障市场供应，满足市民"菜篮子"需求等方面发挥了重要作用。春节临近，受疫情散发和春节消费需求增加等因素的影响，我市部分细菜（尤其是西红柿、黄瓜）出现价格上涨过大、过快的现象。为保障春节期间蔬菜供应，保持市场价格稳定，天津市菜市场经营服务行业协会向各会员单位及广大菜市场商户提出以下倡议:

一、各菜市场会员单位鼓励和支持菜市场商户在春节期间保持正常营业，丰富蔬菜供应品种。有条件的菜市场经营管理单位可适当降低蔬菜摊点的摊

位费，进一步减少蔬菜销售成本，让利于民。

二、积极引导广大菜市场商户兼顾个体利益与社会责任，宣传倡导合理定价，明码标价的经营行为，维持正常价格、保持正常利润，坚决抵制哄抬物价、串通涨价、囤积居奇、以次充好等扰乱市场的违规行为。

三、动员发挥有蔬菜集采能力的企业力量，积极协调拓展蔬菜尤其是细菜的资源，组织集中采购价廉物美的源头蔬菜，直供商户，减少商户批发进货成本过高的压力，有效维护节日期间菜市场价格的稳定。同时保障不脱销、不断档、充分保障春节期间的市场供应。

广大会员单位，让我们行动起来，积极响应市政府号召，共同努力为做好春节期间蔬菜市场的保供稳价工作，保障百姓"菜篮子"的需求作出应有的贡献!

值此春节来临之际，协会给广大会员单位和广大菜市场商户拜个早年。祝大家虎年吉祥、生意兴隆!

天津市菜市场经营服务行业协会
2022年1月27日

天津市菜市场经营服务行业协会发布的春节保供倡议书

身在事中　心超事外

IV

LE YE PIAN

乐业篇

第四章

乐业之道：
人间烟火相守温情

菜市场往往容易给人留下刻板的印象，不就是一个卖菜和买菜的地方嘛！但乐业集团却通过不断完善与倾心的打造，给百姓呈现了一座又一座与众不同的菜市场，让百姓身边的菜市场变得更有品位和温情。与此同时，乐业之路因市场开始，也因市场而融入了科学创新、现代管理、文化打造等一系列系统性且极具借鉴性、参考性的成功经验，并解决了长期以来对于如何将"传统小作坊"经营思维下的菜市场，打造成具有规模化、科学化、便于"孵化"推广的集团型菜市场经营。

王乐然的乐业版图

　　四十余年创业路，从萌动逐梦到坚定筑梦，由默默无闻到布局版图，一个人的成长之路离不开初生牛犊的自信莽撞，相伴于风雨彩虹的经历积累，阅历与沉浮、反思与颠覆、沉淀与新路……这样才有了大道通途。有人说从我的身上看到了一位天津汉子骨子里的乐观、乐善与乐业，我认为这是对我最高的褒奖了。

自砸铁饭碗甘当个体户

　　1963年，我出生在天津一个普通工人家庭中，曾经是一名普通的国企职工。1979年，16岁的我顶替母亲进入天津市运输四厂。1981年刚满18岁，我就开始下海经商，在

乐业集团创始人王乐然

天津市河西区镇江道摆摊经营服装百货。至今，我还经常和人开玩笑说自己是"个体户"，少不更事的年纪，常年往来于福建、广州、厦门等沿海开放城市"打货"，创业历程也就此拉开序幕。

勤奋和肯动脑筋，让我很快就有了一定的财富积累。1989年7月，我东拼西凑，出资72万元，在河西区大沽路与南京路交口的小白楼359号、镇江道24号购买了一处房屋。这是一幢二层小楼，上下共4家，底层带有一个半地下室，我买下了其中的一家。这72万元的购房款，从一角到十元面值不等，装了满满一大包。当时的房主还问我："乐乐，你买这房你爸妈知道吗？"

三个月后，1989年10月，我在此开办了乐乐餐厅。在之后的两年时间里，我又陆续买下这幢小楼的其余3家，并把半地下室改造成一个能够使用的完整地下室，小二楼变成了一座三层小楼。改革开放初期的大环境是"下海"经商，加上自己的投资眼光，我给改造完的三层小楼里铺设了柜台并对外出租。现在看来，与当时的经营模式是有完美契合之处的。

1993年乐业集团有限公司正式注册成立，企业就设在这三层小楼的三楼。1996年，我承包了天津地毯三厂，整体改造为乐乐家具展销馆，同样采取对外出租的模式。

1989年乐业集团开办乐乐餐厅

得固不喜　失亦不忧

1996年乐业集团改造地毯三厂

20世纪末、21世纪初，下岗再就业成了举国关注的"重要工程"。"破墙头、开门脸"是当时天津的流行语，也折射出当时的经济环境，这时我又凭借敏锐的从商嗅觉和敢闯敢干的创业精神抓住了机遇。1998年乐业集团开始向河西区"小海地"扩展，1998年到2003年间，先后在枫林路、微山路、三水道、陵水道、华江里等学校以及学苑路原水利工程公司等场地，建设了一排排门面房并对外出租。同期，开始筹备乐乐养老院相关事宜。当时标准化、正规化管理的养老院并不多，乐乐养老院于1999年"国际老年人日"当天开业运营，设计建设与日常的运营管理在当时都相当超前，也是当时天津同类行业的典型代表。

助力社会服务乡邻

2001年8月，天津市人民政府颁布了《天津市占路农贸市场建厅退路的若干规定》（津政发〔2001〕62号），大力支持占路市场"退路进厅"。乐氏公司凭借这一契机，积极调整企业发展方向进入菜市场行业，努力做好社会发展的助力军，为百姓提供更多优质服务。

2003年我们抢抓机遇，依然选择河西区小海地作为"根据地"，建设起了天津市第一座大型标准化菜市场——河西区东海社区三水道菜市场，从此便与菜市场结下了不解之缘。

乐业集团第一家封闭菜市场——河西区陈塘社区和谐菜市场

因地处居民区，开业后生意还不错。可是没过多久，我们就发现菜市场存在一个弊端，那就是客流量多的摊位租金高，客流量少的摊位租金低，从而造成客流量悬殊的差别。这一弊端完全是由于菜市场惯用的长条柜台模式所导致的。通过调研发现，人们总是为了节省时间而就近在菜市场入口处或拐角处买东西，所以菜市场其他摊位生意冷清，商户们争相抢租入口处或拐角处的摊位，而中间的摊位却无人问津。

针对这个问题，我与企业同人及商户多次研讨，期望寻找到一个行之有效的突破口。在美国考察之行后，终于找到了解决问题的灵感。

回国后，这一灵感得到了落地实践，市场对原来的长条形摊位进行改造，变为一个个独立的、边长为4米的多边形个体岛台，消费者可以在岛台四周来回穿梭，有效打破了以往摊位优劣势之分的格局。岛台摊位的出现，使得商户摊位上的客流量均匀分布开来，这样就平均了每个摊位的租金。由于菜市场生意越来越好，乐业集团在天津先后又创办了6家菜市场，这种摊位的布局设计得到了充分实践验证，优势突出，也成为当时乐业集团旗下菜市场的明显标志之一，获得了消费者与商户们的充分肯定。随着各市场

的供需两旺，摊位含金量不断攀升，在新菜市场建成之初，摊位很快就被预定一空，甚至出现一摊难求的局面。有的商户因为卖菜而发家致富，有的消费者不惜路程遥远也前来买菜。我们经营的菜市场在当地很快就出了名，也因该市场经营群体的扩容增加，安置了数万人在此就业，提升了企业社会价值。

菜市场之所以如此火爆，根本原因就在于我们对摊位形式的改造，以及对整个菜市场的市场售卖行为做了有效的规范。

尽管菜市场的生意十分红火，但我深知商户生活的不易，也考虑到大多数商户来自农村，起早贪黑赚的都是辛苦钱，虽然还是做着向商户收租的生意，但却总是设身处地为商户着想。曾经有人出上百万的费用，想要租赁过道处人流量最大的黄金位置，最终被我回绝，因为我明白，只有保证每一位商户利益的长期稳定，菜市场才有发展的机会。

乐业集团河北区望海楼社区中山路菜市场

以新业态拓展市场规模

建设了第一家封闭菜市场——河西区东海社区三水道菜市场之后，我又在河西区曲江路建设了陈塘庄社区和谐菜市场，2004年又在河西区东江道建设了乐乐外贸服装市场（现中国（天津）乐乐菜市场的前身）。

因河西区的几家市场环境整洁、管理有序，颇受周边百姓欢迎，乐业集团由此美名外扬，2007年应河北区政府要求，承接河北区菜市场提升改造工程。

菜市场越建越多，怎么办？企业只有大胆培养新人，放权让年轻人去干。当时，王亚迪年仅26岁，我就让他独当一面，并由他带领团队，选定了王串场五号路与增产道及富强道交口一块空地，建设了乐业集团在河北区第一家菜市场——王串场社区菜市场，于2007年11月开业。

同年，乐业集团又接到河北区政府的通知："筹备海门路（菜市场）、准备中山路（菜市场）。"

2008年奥运会前，为了清理河北区江都路社区附近的海门路、漂阳道、昆山路、廉江里及幸福公园内等占路市场并安置占路市场内的商户，在河北区政府及相关部门的大力支持下，乐业集团在位于河北区怒江里小区东侧泰兴路上，斥巨资兴建了全市首屈一指的大型综合性菜市场——海门路菜市场，总占地面积50000平方米。

2009年，乐业集团又在河北区望海楼街道创建了望海楼社区中山路菜市场，市场建成7年后，2016年10月乐业集团再度以创新意识为主导，并结合城市生活情怀主题，在中山路菜市场2楼又建起了全国第一家菜市场博物馆，乐业集团"新、奇、特"的行事风格，在这个菜市场又一次淋漓尽致地得到了展现。

在此期间，乐业集团还在河北区建设了金蕾、鸿顺里、大江道等菜市场。

2016年，我被邀请荣登央视《致富经》舞台，南开区商务局看到报道后，通过招商引资的方式引进乐业集团，承接原王堤顶街道菜市场的提升改造工作。为此，乐业集团专门聘请上海专业设计团队对市场进行整体设计规划，并且全部聘用退役军人进行管理。同期，一并对河西区三水道菜市场进行提升改造，从此两个市场都有了非常好听的名字——"南开区美丽菜市场林苑店""河西区美丽菜市场三水道店"。

2017年东丽区新立菜市场建成开业，其前身是新立商贸城。当时新立商贸城因年代久远，管理失调，一直是街道管理的难点。恰逢2017年第十三届全运会在天津举办，篮球比赛的赛场就设在商贸城对面的东丽体育馆，所以商贸城的提升改造势在必行。

商户的妥善安置是首要问题。改造新址选在了离商贸城原址不远的一处停车场。新立街当时正在进行回迁房开发建设，这处停车场就是回迁小区的一个配套设置。经过调研，街道决定引进专业菜市场建设与管理企业，建设一个标准化的菜市场，一方面满足周边百姓的生活需求，一方面安置原商贸城的商户。当时一个突出的问题就是原有商户数量与新场地容量不对等。后来经过多次方案调整，再结合多年市场建设经验，最终做

出了一个相对最优方案。从此，一个集批发、零售于一体的综合菜市场应运而生，由于其品类丰富，配套完善，所以深受周边居民的青睐。

乐业集团新建菜市场任务书

一、场地环境

（一）选址要求

菜市场设置应符合交通、环保、消防等有关规定，以菜市场外墙为界，直线距离1公里以内，无有毒有害等污染源，无生产或贮存易燃、易爆、有毒等危险品的场所。

（二）建筑

新建菜市场土建结构应采用符合国家建筑、安全、消防等要求的钢筋混凝土或新型材料结构。

菜市场单体建筑的层高不小于9米，非单体建筑的层高不小于10米。场内主通道宽度不小于3米，购物通道不小于2.5米，其他通道宽度不小于2米。出口不少于2个，主要出入口门的宽度不小于4米（以上场内通道宽度均以此值为准且原则上不大于该值）。合理利用有限的场地，商铺（岛柜）数量最大化、最优化。一般情况下，岛柜尺寸应采用统一尺寸4米×4米，底部收角的结构形式，具体可参见王串场社区市场岛柜形式。

（三）装修及场内布局

菜市场地面应铺设防滑地砖，并符合吸水、防滑、易清扫的要求，并向通道两边倾斜。水产区地面可以设计成凹凸，有利于自然排水，防积水；房顶可采用防霉涂料，吊顶应采用燃烧性能为A级的装修材料；室内空中除必须悬挂的证照、灯具线路外，无需设置明管道、拦板以及其他线路等。

市场内经营者字号标牌应统一规范，按照商品种类统一设置交易区。同类商品区域要相对集中，分区要标志清晰。岛柜应设置价目表标牌、执照、卫生许可证、摊位标号、党员示范岗标识等。

屋顶采光，防止直射。

设置"严禁吸烟"提示牌（吊牌）。

经营早点或快餐配套服务应相对集中设置在专门区域，以1～2家为宜，周围不得有污水或其他污染源。

布局包括：市场内商铺、岛柜、边柜、管理室、保洁室、卫生间、垃圾存放处；门前停车场，可分为商户用车、百姓用车、机动车、非机动车等。

二、设施设备

（一）给排水设施

1. 供水设施

场内经营用水应保证足够的水量、水压，卫生应符合国家GB5749的要求，设施配置应符合国家节约用水的规定。提倡在保证满足用水卫生标准的条件下使用循环用水。

水产区供水到商位，肉类区供水到经营区，熟食经营区专间供水到加工间。同时，市场内设置供水点供消费者使用。

2. 排水设施

场内上下水道应确保畅通，采用沉井式暗渠（安管）排水系统，并设防鼠隔离网。柜台内侧设地漏。

购物通道下水道必须设计为暗道，防止异味上传，不可以设明沟。

柜台外地面排水槽宽度0.08～0.1米，弧度深度0.03～0.05米，用不锈钢材料或耐腐蚀、易清洗消毒的材料制作并设地漏。柜台内排水槽保持排水通畅，地面保持干燥，不堆积垃圾。

户内、厅内下水管道要根据实际需要选用并安装直径较大的管道，以便于疏通，防止堵塞。需要特别注意的是，水管埋深应按有关标准，考虑到天津市冬季气温低，水管除做好隔热保暖外，还应根据实际需要设置埋深，防止冬季发生冻堵问题。

（二）供电设施

应配备符合用电负荷、安全的供电设施。电线铺设以暗线为主，并配备漏电防护装置。各经营区域应配备连接地线的符合低压电器使用的电源插座，水产区域使用防水插座。

市场内环境照明供电设施配置应符合GB50034的规定。柜台（操作台）上方灯照度应达到100lx，肉类分割剔骨操作台灯光照度不小于200lx。场内通道应配备照明灯，各出入口应设置应急灯。

水电表的管理，尤其是电表统一摆放，目的是安全使用和防止偷电行为的发生，便于管理和验表。

（三）通风设施

建筑面积在2000平方米以下的新建菜市场应安装不低于3000W功率的低噪音排风机，2000平方米以上的每增加100平方米相应增加300W排风机设备，排风机口布局应按国家或地方环保要求设置。

（四）卫生设施

1. 卫生间

标准化卫生间应达到二级设施标准，要求人性化、易清洗、便于保洁。卫生间内的干手设施应根据实际需要，可以采用内嵌式纸巾盒设计。该内嵌式纸巾盒，上半部分是

纸巾盒部分，下半部分是内嵌式垃圾箱。

2. 垃圾处理设施

菜市场应配置统一的废弃物容器、垃圾桶（箱），并设置集中、规范的垃圾房。垃圾房应密闭，设有上下排水设施，不污染周边环境，每个经营户应设置加盖的垃圾桶（箱）。

（五）消防安全设施

建筑消防设施应符合GBJ16-1987和GB50222-1995的要求；菜市场应按照GB/T17110规定标准配置灭火器材。

防火通道指示牌（吊牌）。

消防通道、消防栓配置应按相关国家标准合理设置和配置。

（六）营业设施

1. 柜台设施

摊位柜台应按不同品类经营需要统一制作，柜台面积按长1.5～2米、宽0.75～0.9米设置，柜台高度宜以0.7～0.8米。柜台靠通道外侧边沿应设挡水凸边，高度不低于5厘米。柜台应留有同一位置摆放电子秤，电子秤设置位置应便于消费者查看。

活水鱼摊位外设置隔水墙，隔水墙应高于鱼池（盆）上沿20厘米。

蔬菜柜台宜采用阶梯摆放式设计。柜台高度宜为0.7～0.8米，以0.1～0.15米呈阶梯上升，一般设计为三层。每组柜台宜设4家商户，每组柜台设1～2个宽度为0.7米的出入口。

2. 冷藏设施

商品保质保鲜有温度要求，应采用温控设备或采取相应的措施，做到货到即时存入冷藏、冷冻设施，保证商品陈列、销售与加工、运输环节形成冷链不脱节。

冷冻肉及冷冻水产品应配备低温冷柜，经营冷却肉应配备冷藏柜，温度保持在0～7℃。提倡豆制品、半制成品销售配备冷藏设施。

3. 无障碍设施

菜市场出入口应设置无障碍通道，卫生间也应配置无障碍设施。

4. 熟食区不能有明火

熟食区不应出现明火，应时刻做好防火工作。

（七）安全监控设施

市场安装配备要符合国家相关规定和行业标准，24小时市场监控覆盖率要达到90%，报警系统信息保存10天以上。

（八）信息管理设施

市场安装电子屏幕，用于市场交易信息、商品信息、价格信息和市场服务承诺及服务设施的公示。设有商户、重点商品档案录入和交易信息查询等设备，建立计算机数据库，具有商户、商品档案管理和交易信息统计、报送、查询功能。

管理无死角标准成体系

企业在不断扩张事业版图的同时，也一直在细化、深化管理运营标准。

一是聘用退役军人充实一线团队。早些年的菜市场管理都相对粗放，坊间流传的"大金链子、描龙刺凤"，虽是戏称，但也恰恰反映出传统菜市场管理的不足之处。从2018年开始，我们决定聘用退役军人，实施24小时准军事化标准管理，以此来提升团队整体形象和素质。

二是深化绩效考核改革。乐业集团的绩效考核由来已久，早在2014年，我们就聘请专业团队对公司各市场组织架构、岗位职责、工作标准及考核方案进行了全面精细化梳理，为乐业集团后续绩效改革奠定了基础。从2017年到2021年乐业集团的绩效考核经历了4次改革，围绕市、区官方标准及公司实际，前两次是在原有基础上微调，第三次我们尝试了合伙人计划，但是因为与企业文化、被考核群体素质的匹配度不高，这次改革效果欠佳。2020年年底至2021年年初，我亲自带队梳理考核标准，这一次考核的最大特点就是全面、细致，而且每一项工作都是"明码标价"，只要达成标准即可拿到相应的绩效工资，达不成也有对应标准的处罚。绩效考核是一个动态的过程，行业环境一直在变，市场运营也要与时俱进，考核标准也要随机应变。

三是创新发展模式，开辟线上商城业务。乐业集团的智慧化改革经历了从"理念智慧"到"实质智慧"的转变，早在2016年集团就投入百万引进设备，铺设了智能冷鲜云柜，与外卖平台相结合，对标中青年顾客群体，初步探索菜市场智慧化，这一方面解决了年轻人没时间逛菜市场的问题，另一方面也大幅度增加了商户的销量。

关怀有真情我们是一家人

乐业集团旗下的菜市场中栖身了上百家经营各种品类的商户，其中我们最重视的当数经营蔬菜的商家，用他们的话说："菜市场要以卖菜为主体。"我们平时巡查市场走访商户，尽量放慢脚步，更多地倾听菜商与菜农的心声。

每到春节前，我都会亲自去菜市场买菜送给亲戚朋友。有一次，我到林苑菜市场经营蔬菜的刘老板摊位，采买了一大单菜送给亲戚朋友，在他看来，来他的摊位买菜，就是在林苑菜市场商户和顾客面前给他做了一个大广告。

以诚待人　以德服人

王乐然与中山菜市场的商户亲切交流

　　事实上，经常走到商户中间，就是把商户当作自己的朋友，与他们沟通、交心。对于商户访谈，我每期必看，那些好商户好摊位的事迹都装在我的心里。例如，林苑菜市场西北角的边房里有位卖帽子的徐老板——这是位不仅奉公守法，还努力将帽店打理得漂亮红火的好商户。我每到林苑菜市场，总是要腾出空去特意看望"帽子王"徐老板，以表达对他敬业精神的尊重与敬意。有一次我还特意对徐老板说："有困难有问题我们一起克服，重要的是坚持！你要相信你就是林苑路一带最棒的帽子经销商！"显然，这番话是建立在真心诚意拿商户当家人、朋友的情感基础上才会说的。真正地尊重和懂得商户，这是乐业集团人都必须做到的。

　　饺子商户熊大爷家生了二胎，乐业集团为了庆祝这一喜事和回馈顾客，特意推出"水饺买一斤送半斤"优惠政策，同时，还特意免去了熊大爷一个月的租金。在我心中，这样做就是与他们共享快乐。

　　将商户当作自己的亲戚，商户有困难我们便会尽力帮助，商户有喜事我们就积极分享，帮助商户发朋友圈做宣传。这些举动温暖了每一位商户，也帮助了上千位来津商户在这个城市扎了根。他们也在用自己的努力为周围人、为市场乃至社会奉献着力量。这些平凡的身影，因为乐业大家庭，而成了城市中有情、有感、有温度的光。

不畏谗言　不惧蜜语

乐业之行 行于足下

每一个企业都会经历不同的发展阶段，乐业集团同样如此。近30年菜市场行业积淀，从小型规模菜市场做起，直至今天的文明化、规范化、标准化、创意化、智能化菜市场，乐业集团脚踏实地，见证了整个菜市场行业的发展历程，而乐业人的脚下之路也必定会载入城市发展的历史进程之中。

未来，乐业集团要在全体成员的共同努力下，将自身建设成规模大、服务优、设施强、环境美、商户全、理念先进的世界一流菜市场，与国际接轨，走向世界。

乐业集团大事记

乐业集团在发展过程中历经风雨，在时代的变迁中不断自我完善、提升，如今已经在菜市场行业中愈发成熟与辉煌，从乐业集团大事记中可见一斑。

乐业集团大事记：

1989年，创办乐乐餐厅。

1993年，乐氏商贸有限公司正式注册成立。

1996年，乐乐家具展销馆对外营业。

1999年，乐乐养老院成立，并于"世界老人节"当天开业运营。

1999年，建设第一家封闭菜市场——河西区三水道菜市场。

1998—2003年，先后在枫林路、微山路、三水道、陵水道、华江里等学校，以及学苑路原水利工程公司等地，建设门面房并对外出租。

2003年，建设了河西区曲江路市场——陈塘庄社区和谐菜市场。

2004年，于河西区建设了乐乐外贸服装市场。

2007年，进军河北区，首先建设王串场社区菜市场。

2008年，建设河北区海门路菜市场及海门路购物广场、海门路夜市、文玩珠宝市场、花鸟鱼虫市场等。

心胸开阔 多有惠泽

2009年，建设了河北区望海楼社区中山路菜市场、金蕾菜市场、鸿顺里菜市场、大江道菜市场。

2016年，建设了南开区美丽菜市场林苑店。

2017年，建设了东丽区新立菜市场。

2020年，天津市菜市场经营服务行业协会成立，乐业集团荣任会长单位。

2021年，乐乐菜市场线上商城正式上线，开始探索发展新模式。

2021年下半年，于津南区启迪协信科技园购买一座三层独栋办公楼，作为企业总部，于2024年1月正式迁入。

2022年，天津市菜市场经营服务行业协会功能型支部委员会成立。

2023年，乐业集团参加津洽会，投资100万承办S7馆，开创津洽会承办农副产品展销会先河。

2023年下半年，斥资6000万购买土地、打造中国（天津）乐乐菜市场——滨海古林店。

媒体报道集锦

乐业集团作为行业标杆，在多年的发展过程中，本着诚信、共赢的经营理念，创造良好的市场环境，力求为每一个商户和消费者提供完美优质的服务。由此引发了社会各界的关注，也吸引了各方媒体前来采访和报道。

乐业集团相关媒体报道摘要：

2010年11月29日：《天津日报》头版报道，市政府在河北区召开菜市场建设管理现场推动会上，肯定了乐业集团在市场建设管理中取得的成绩和龙头带动作用。

2011年6月5日：天津电视台拍摄中山路菜市场提升改造后的新面貌和端午节食品销售情况，报道在《天津新闻》节目中播映。

2012年12月：渤海早报记者以《天津市河北区中山路菜市场实行星级管理受到市民青睐》为题，报道了河北区中山路菜市场创新管理。

2016年2月：央视七频道《致富经》栏目首播，专访天津乐业集团王乐然董事长个人创业史及菜市场经营管理建设。

2019年2月：《今晚报》头版刊登文章《走，逛逛"菜市场博物馆"》介绍乐业集团旗下中山路菜市场二楼菜市场博物馆。

同年11月：王乐然董事长受邀出席由中央电视台承办的《第九届CCTV三农创业致富榜样》的颁奖盛典，并在现场发言分享经验。

2021年7月：央视"致富经家访"来到天津，乐业集团作为此次活动的东道主和来自全国各地的40多位致富经主人公一起参观了中山路菜市场，并于当晚在企业旗下中国（天津）乐乐菜市场共品"致富家宴"。

同年8月：天津电视台《文化关注》栏目"走进中山路菜市场博物馆特辑"采播。

同年9月：央视"致富经"特色产品全国巡展（天津站）在河北区中山路等9个菜市场进行展卖报道。

2022年4月：央视"致富经"在新立菜市场拍摄"菜场里的春天"节目。《天津日报》《今晚报》数字报第六版首图微博、津云客户端同步发布"菜场里的春天"电视专题片报道。

2023年4月：乐业集团被评为"乡村振兴赋能计划名企助农典型案例"获奖单位。

同年10月：王乐然参加在墨西哥坎昆举行的"世界菜市场批发联合会"，并在大会上发表讲话。

2016年《致富经》栏目报道

王乐然受邀出席由中央电视台承办的"第九届CCTV三农创业致富榜样"的颁奖盛典并致辞

打造有文化有温度的共同体

　　每一个企业都有属于自己的企业文化，将员工很好地凝聚在一起，这是推动企业发展的不竭动力。

好理念让乐业集团走得更远

乐业集团的企业宣言是："打造全国一流菜市场。"这一口号是企业当下乃至未来坚持的工作方向，在这一宣言的驱动下，乐业集团的每一个人都在为之不懈努力着。

乐业集团的企业使命是："利百姓方便，利商户赢利，利企业创新。"这也是乐业集团给出自己的定位。事实上，乐业集团也一直将企业使命当作自己肩负的责任，当作自身矢志不渝坚守的发展信条，并一直在践行初心。

乐业集团的核心理念是："以服务商户为信仰。"商户是企业的核心资源，商户赚钱的幸福感和服务于百姓是我们企业发展的终极目标。这足见乐业集团已经将商户看作自身发展的基石，将商户放在了企业发展的重要位置。

从实践中来的"乐业集团八理"

乐业集团八理是乐业人躬身实践多年后提炼总结的，凝聚着我们多年实践的心血和智慧，也是充满导向性和探索性的企业精神。乐业集团八理培训是每位新入职管理员的必修课，也是掌握菜市场管理的鲜活法宝。

乐业集团创始人王乐然在集团会议上讲话

目光放远　胸怀放宽

063

（为善真理）
八善

拥有一颗善心，凡事要行善举
善想商户所想，善解商户所急
善谦虚会受益，善沟通是法宝
善协调提效率，善读书是阶梯

（良心管理）
八心

守法守德不违心，本职工作要尽心
日常工作要精心，创新工作有决心
管理商户有耐心，敦厚商户多关心
困难商户多留心，留住商户要交心

（依法治理）
八法

做人做事要干净守法
企业制度规范化依法
市场管理专业化依法
经营建设流程化依法
监督检查常态化依法
惩乱治恶不惧怕懂法
助力市场标准化学法
干工作勤动脑有章法

（铁腕打理）
八力

腰杆直、眼神定、气场强有震慑力
辨目的、理头绪、定主意有判断力
讲诚信、别理亏、气凛然显战斗力
德服人、理服人、商户赞提公信力
惩凶恶、不姑息、言辞正有杀伤力
抓管理、一把尺、心公正促凝聚力
欲正人、先正己、严自律有号召力
干工作、要落地、重实效有竞争力

乐业集团创始人王乐然与商户亲切交流

关系处理
八通

行政主管要厘清	相关部门多沟通	友邻商家和住家	和睦互助常互通
礼轻情重常走动	枝叶关情心相通	圈子文化不可取	队伍过硬常流通
党员商户一面旗	党建管理相贯通	谈心谈话多交流	红脸扯袖思想通
管理政策要落地	骨干商户来疏通	企业商户一盘模	工作开展必畅通

巧用心理
八计

缓兵之计，锦囊妙计
目语心计，万全之计
一步一计，权宜之计
朝思夕计，将计就计

感情入理
八赢

管理投入感情赢得理解，交往相互信任赢得支持
学会换位思考赢得友谊，提高自身修为赢得尊重
待人干事公平赢得服从，主动靠前服务赢得感动
危难伸手援助赢得人心，思想行动一致赢得效益

正气道理
八正

吃拿卡要必杜绝树正气，履职尽责是本分为正业
工作出色乐助人干正事，妄言恶言要远离说正语
礼仪礼貌要牢记是正律，理解尊重要相互是正理
做人做事常思考存正念，每日省自身不足走正道

乐业集团董事长王亚奇与商户亲切沟通

我们是一支永不褪色的团队

企业核心竞争力之一便是拥有一支过硬的团队，乐业集团也深刻认识到这一点，从管理模式创新、制度建设、日常工作指导再到组织团建活动，始终把团队打造摆在管理工作的重要位置。

乐业集团核心团队

乐业集团聘用退役军人充实旗下市场一线的管理团队，现已有多名正营级及以上级别退役军人在企业任职，以乐业集团绩效考核方案为标准，以各自市场实际情况为基础，实行全天候24小时准军事化、标准化管理。

乐业集团核心团队

团队组织架构

"四部四室"的组织架构设置，为市场建设与运营管理提供了必要的支撑。

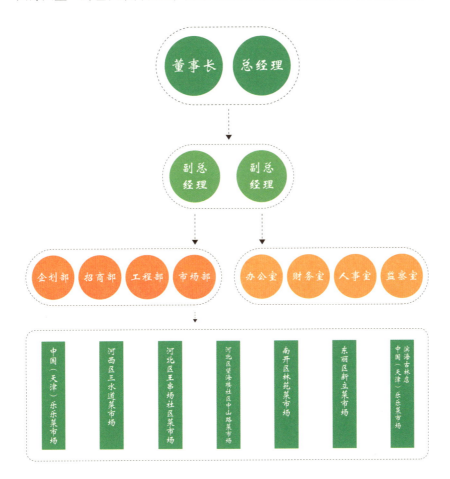

乐业集团的"智创"路

菜市场中的党建路

乐业集团是一个非常注重党建活动的企业，在日常工作中积极探索推进菜市场党建工作有效方式，坚持以党建为引领，为市场健康发展，引导商户诚信经营，充分发挥菜市场商圈党建示范带动作用。

乐业集团党团组织架构

中共天津市乐业集团市场有限公司河西党支部（前身是乐业集团党委，于2012年6月经中共河北区委组织部批准建立，市委组织部非公有制企业党组织直接联系点，原有4个党支部，下设10个党小组，共有党员114名，入党申请人56名），2021年6月迁址至河西区，经河西区工商业联合会企业党委会议研究同意设立支委会，现有党员33名，预备党员9名。

2010年3月乐业集团工会正式成立。

2010年3月乐业集团成立爱心互助基金会。

2010年11月成立共青团乐业集团支部委员会。

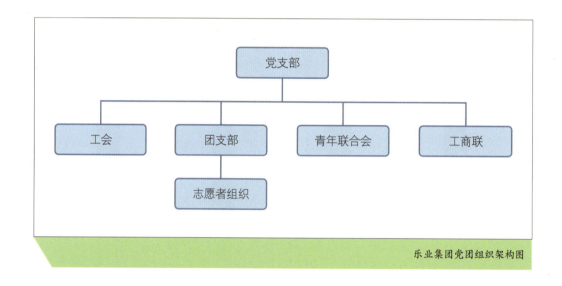

乐业集团党团组织架构图

突出党建引领，为企业保驾护航

作为一家民生服务公司，乐业集团长期注重党建活动，以党建引领乐业集团正确的发展方向，并以党建促进乐业集团高效建设。自2012年6月成立党支部以来，乐业集团党支部获得了各级党委的大力支持，积极开展各类党建活动。

乐业集团党支部树立了"党的建设是企业发展的'根'和'魂'"的指导思想，并将日常经营工作与党建有效融合，积极探索推进菜市场党建工作的各种方式，坚持以党建引领市场健康发展，引导商户诚信经营，充分发挥菜市场商圈党建示范带动作用。

乐业集团始终坚持一个理念："坚决贯彻新发展理念，以高质量党建促高质量发展。"在党建活动中，不断加强党支部建设，发挥党支部战斗堡垒作用，坚持"一个支部就是一座堡垒，一个党员就是一面旗帜"的信念，积极发挥党员的先锋模范作用。

不断加强群团组织建设，积极组织团支部、工会、妇联、工商联等机构开展各类党建活动，由党员担任志愿者网格员，使全体员工紧密团结在党组织周围。

通过各类党建活动，乐业集团党支部做到了强基固本、培元铸魂，坚定了广大党员的崇高信仰，以党建为引领促进了企业不断向前发展。

丰富党建活动，提升各方凝聚

乐业集团的党建活动是丰富多彩的，其中包括学习党史、讲党课、学习党章、"新党员入党宣誓和党员重温入党誓词活动"、"'百户庆百年'庆祝建党100周年大型活动"等系列党建主题活动。每年"三八"妇女节，企业还会给全体女职工送上节日的问候和美好的祝福。

乐业集团创始人王乐然作为男嘉宾共同参加"三八"妇女节活动

"抗疫"共产党员当先锋

在新冠疫情期间，乐业集团始终坚持"疫情之下，民生至上"的服务理念。作为天津市菜市场行业龙头企业，专门为菜市场供菜配置了"抗疫蔬菜保供专用车"，以保障疫情防控期间守护疫情防控"民生线"。

天津市乐业集团党支部组织广大党员干部不忘初心、牢记使命，把疫情防控作为压倒一切的重大任务，始终让"党旗飘在一线、堡垒筑在一线、党员冲在一线"。作为董事长的我亲自带队，带领党员、青年先锋、志愿者冲锋在战"疫"一线，为做好全市蔬菜应急保供奔波在战"疫"一线。我们深入蔬菜基地了解蔬菜生产情况，对接蔬菜

数量、价格、标准及采收时间,将新鲜蔬菜从田间地头直运乐业集团所属4个菜市场,由乐业集团党员干部、青年先锋、志愿者搭起的各市场"党员示范岗"蔬菜摊位现场售卖,不间断轮班上岗,为市民当好"蔬菜管家",同时采用线上订单线下配送等多种方式,解决居民燃眉之急,受到居民的欢迎。蔬菜直通车在加大疫情防护基础上,克服各种困难,加强保供工作,通过加大储备物资、增加采购规模……只为能在这场必胜的战役中多出一份力。

天津市乐业集团全体人员用这份责任担当和关爱撑起了生活保障渠道,在疫情面前筑起一道健康安全的防线,共同迎来战胜疫情的春天。

"抗疫"共产党员当先锋,为滞销蔬菜提供直通车

菜市场党员亮牌经营

天津市乐业集团还在旗下所有市场进行了党员商户授牌"亮身份、亮形象、亮承诺"活动,为五个菜市场共23名共产党员摊位悬挂"共产党员岗"标识。

"成为党员示范户,既是一份荣誉,更是沉甸甸的责任,在今后的经营中,我们将继续坚守承诺,诚信经营,童叟无欺,发挥好党员的先锋模范带头作用。"亮明身份的共产党员商户纷纷表示要珍惜荣誉,带头诚信经营,为党旗增辉。

榜样的力量是无穷的,通过党员经营户亮出身份,挂出共产党员经营户牌匾,让党员经营户带头践行承诺,让诚信经营能够遍及全市场,积极营造和谐放心的消费环境,以保障消费者在消费过程中的和谐购物,保证消费者权益,让消费者安心消费。

乐业集团创始人王乐然为菜市场党员商户授牌诚信经营

党旗、国旗同飘扬

　　乐业集团党支部在建党101周年之际，开展"知党恩、听党话、跟党走"主题活动，坚定不移地牢记初心使命，探索以最具人气的菜市场为党建高地，将服务精准覆盖到菜市场每个商户、买菜市民、周边居民及辖区党员，努力打造红色基地。

　　《新立传》中记录1958年毛主席视察过天津市东丽区新立村，乐业集团便以此为主题，打造红色菜市场，将红色底蕴厚植在乐业集团东丽区新立菜市场，传递党的凝聚力和向心力，建立起菜市场和经营户同为基层阵地的红色联盟，形成红旗升起来、形象树起来、意识抓起来、红旗飘起来的良好格局。

　　"在战争年代，一面红旗就是一个阵地，是不计其数的革命战士不惜付出生命守护的。"为了这份来之不易的和平稳定，乐业集团严格按照企业悬挂党旗国旗标准，确定悬挂高度和旗帜尺寸，在所有菜市场正中央正上方悬挂1号党旗（横版288cm×192cm）和1号国旗（288cm×192cm），让鲜红的党旗和五星红旗高高飘扬在乐业集团的菜市场上空，展示天津菜市场弘扬革命精神、传承红色历史文化、传播社会正能量！

　　每天清晨来往于菜市场的工作人员、商户、消费者向党旗国旗行注目礼，震撼着每个人的心灵。

偏见害人　聪明障道

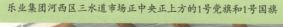
乐业集团河西区三水道市场正中央正上方的1号党旗和1号国旗

退役军人重温誓词庄重宣誓

虽戎装不在，但初心不改！

退役老兵庄严宣誓：我是中国人民解放军军人，我宣誓：服从中国共产党的领导，全心全意为人民服务，服从命令，忠于职守，严守纪律……乐业集团21名退伍军人再次重温入伍时许下的铮铮誓言。

我以预备役军官身份和企业退役军人于八一建军节来临之际，在东丽区新立菜市场军旗下列队，伴着一声响亮的"向军旗敬礼"口令，所有退役军人齐刷刷地举起了右手，队容严整，表情肃穆，再次向军旗敬上一个最为标准、最为神圣的军礼。

乐业集团党支部组织员工中的退役军人重温誓词活动，对加强退役军人思想政治引领、传承人民军队优良传统、激发建功新时代奋斗精神有着重要意义，充分发挥重温誓词活动的环境熏陶、精神激励、价值传承，引导广大退役军人牢记使命、奋发进取，永葆军人本色，做好祖国建设的一块"砖"，哪里需要哪里搬。

纵深推进平价保供蔬菜让利于民

一个"菜篮子"两头连着民生，一头是百姓餐桌，另一头是田间地头。面对疫情常态化的防控，结合《天津市"津城"菜市场规划（2021—2035）》，2022年全市新建和改造提升菜市场中列入民心工程9家。天津市菜市场协会王乐然会长提出"为群众办实事"作为党建工作的重要内容和有力抓手，结合服务经营行业菜市场工作实际，聚焦"民有所呼，我有所应"，切实做到疫情防控期间纾难题、保供给的要求，会员单位乐业集团坚持疫情防疫与助力经济发展相结合，坚持党建引领与服务普惠相结合，与全社会同心战疫筑防线，用菜市场保民生服务彰显担当。

集团总经理王亚特负责菜市场平价蔬菜的落实，以"快字当头、以快制快"，亲自带队马不停蹄去北辰、静海、武清等批发市场进行实地考察调研，以基地采购+直接配送建立起一条平价蔬菜全产业链，新购"专用车"每天拉载新鲜采摘的若干种蔬菜品类送往旗下中国（天津）乐乐菜市场、三水道菜市场、林苑菜市场和王串场菜市场，4个投放点同时面向百姓进行平价蔬菜保供惠民行动。

中国（天津）乐乐菜市场有为，保障市民"菜篮子"

中国（天津）乐乐菜市场的蔬菜摊连接两个市场，推出的平价菜摊让周边居民买菜不再受关门时间和高温天气的影响，由此受到了市民的一致好评，现场有的市民说："上回我还问有没有黄瓜，怎么不进点黄瓜？今天过来就看见了，这效率真高啊！"售卖员一边热情地回应，一边推荐："您要是想随时了解我们摊位每天卖什么菜，您就进我们专门建的群，我们早上会定期把蔬菜的照片、价格等信息发送到群里，这样您要是有兴趣就过来买，省得您白跑。"如此一来，既可以让市民提前了解平价菜的品种，也可以按市民在群里提出的需求进行采购，目的就是想方设法竭尽所能丰富市民的"菜篮子"。

三水道菜市场有情，鼓起商户"钱袋子"

三水道菜市场直接将保供平价蔬菜专区设立在市场临近中心点，这样就能保证消费者只要进到市场就能看见平价保供蔬菜摊，而且也方便周边的商户，闲暇时他们也会一起聊聊行情，市场方也会知无不言，言无不尽地有问必答，这也无形中为商户提供了进货渠道的对比和选择。面对多渠道的进货选择，商户都非常感激，守望邻里闲谈几句，健康暖心的同时，还能够帮助商户"钱袋子"慢慢地鼓起来。

林苑菜市场有心，关怀纾困，稳价保供

林苑菜市场保供平价蔬菜专区选址在市场邻近门口最大的岛台，人流往来频繁，同时随着售卖员一声声的吆喝"新鲜的本地蔬菜啊，好吃不贵"，专属保供的平价蔬菜

很快就被抢购一空。这条绿色通道的开通为市场引流，为商户聚揽客户，成为了帮助商户经营纾困的最好方式。市场里特意安排进行售卖的员工志愿者，是温暖热心的"乐业人"，我们的诚意服务不断档，因为他们运载售卖的不只是蔬菜，还有信心和希望。

王串场菜市场有爱，稳供应、稳品质、稳价格

王串场菜市场则将平价蔬菜专区放在了边房的位置，这样在蔬菜码放的美观性上比其他菜市场更占据优势，经市场几方联动，使采购售卖一同走上经营"快车道"，在不断优化、不断调整菜品种类及分配的基础上，还从价格、质量、供应商多方考虑，就像打出的标语，如"地头菜直接上灶台""奏响平价蔬菜交响曲""都是天津人爱吃的本地菜"等这些平实的口号，没有炒作，却足以让市民真正对品优价廉的平价保供蔬菜称道。

乐业集团中国（天津）乐乐菜市场提供平价蔬菜保供让利于民

利他文化，让管理更有人情味

在很多人看来，严格管理是一件冷漠、没有同情心、没有人情味的事情，但对于乐业集团来说，真正做到利他的管理，才是管理的最高境界。

乐业集团在管理的过程中，充分彰显利他文化，使得管理更具人情味。

坚守匠心

乐业集团在管理上，一直以来都做到了"坚守匠心"这四个字。在乐业集团看来，任何管理都是更好地为顾客提供优质服务，只有把顾客服务好了，才能让更多的人爱上菜市场，爱我们乐业集团，主要体现在以下两个方面。

一是把专业的服务做到优质。如文明志愿服务台、公平秤等如今都已成为乐业集团菜市场的"标配"。如除了为商户解决日常经营问题之外，还帮助商户提供经营服务之外办证、贷款等服务，这些都折射出了乐业集团菜市场的服务水平。

二是根据不同区域地理位置和特色进行创意，美化菜市场的购物环境，使其更具文化、艺术氛围，让顾客能够心情愉悦和体感舒适地在美观、整洁、卫生的环境中闲逛和消费。

坚守共荣

乐业集团将商户与自身看作一个有机的整体，商户即市场，市场即商户。只有商户发展得好，菜市场才能经营得好。所以在管理上，乐业集团秉承"授人以鱼，不如授人以渔"的理念，注重对商户的各种培训，帮助商户了解和学会更多的经营模式、学会使用更加先进的经营设备等，以此推动商户整体经营能力的提升，让商户得到更好的发展。

坚守向善

乐业集团是一个坚守向善的企业。在乐业集团看来，只有坚定地走社会可持续发展道路，乐业集团才有更好的发展前景。

乐业集团所属的望海楼社区中山路菜市场和王串场社区菜市场的管理人员，在疫情防控期间曾连夜组织捐赠活动，向河北区月牙河街满江里"风控区"捐赠了爱心蔬菜8000斤，共计800份，集团职能部门十余人和商户一道进行分装，将爱心蔬菜及时送到指定区域，这充分体现了乐业集团管理利他的一面。

融入地域文化特色元素

乐业集团打造的菜市场，充分结合地域文化，将天津文化特色元素融入其中，为每个市场冠以不同的文化主题，如新立菜市场的鸟笼景观文化、河北区王串场社区五号路菜市场的农家院文化、南开区林苑菜市场的《老人与海》墙绘文化等，从而打造出文创型体验式购物场景，将菜市场做成有文化、有艺术、有灵魂、有趣味的菜市场。

鸟笼景观文化

在富安路与先锋东路的交口，矗立着一个巨型鸟笼，它不仅是一个景观，更是新立菜市场的代名词。每个城市都有它的地标建筑，地标是塑造和引领文化的一种方式。这个鸟笼是市民买菜的地点，是朋友见面的地点，也是夏日傍晚娃娃们相约玩耍的地点，更是人们生活记忆的一个地点。

农家院文化

在菜市场通道和餐饮区两侧的墙上挂有各种农具、农产品、农村生活用品等，一蔬一粟皆来自土地，石磨铺地，展品上墙，回归田间，让市民亲身体会农家院的乡土文化气息。

《老人与海》墙绘文化

墙绘的外在形式与壁画艺术很相似，通过从墙壁上展现出来的故事表达深意、寓意。林苑菜市场内两幅巨型墙画寓意深远，海明威的《老人与海》向人们传达桑迪亚戈对生活的坚持和自信，还有面对大自然所表现出的不屈不挠的精神。

乐业集团美丽的菜市场三水道店鸟笼景观文化

乐业集团美丽菜市场林苑店农家院文化

菜市场的乐业集团画卷

乐业集团菜市场是一个时刻透露浓厚艺术气息的地方。走进乐业集团菜市场，仿佛走进了画廊。

在这里，经常会有一些艺术院校的学生、画家前来采风写生，将浓浓烟火气用手中的画笔展示出来。此外，乐业集团菜市场还开办过摄影展，以吸引摄影爱好者前来拍摄作品，展现菜市场里原汁原味的生活。为了鼓励艺术创作，乐业集团的菜市场还专门设立了奖项，并且把画作和拍摄作品悬挂在各个市场的广告灯箱里，所到之处无一不让人感受到场内浓重的艺术氛围。

独创博物馆文化　构建特色地标

乐业集团打造的菜市场，有一个与众不同的特点，就是在菜市场内部独创博物馆文化。如中山路菜市场的菜市场文化博物馆、河西区中国（天津）乐乐菜市场的自行车博物馆、河北区王串场社区菜市场的电影博物馆等，消费者不仅在乐业集团菜市场可以买到想要的食材，还可以走进博物馆领略博物馆的人文气息，也正是因为独创的博物馆文化，才使得乐业集团菜市场成为当地的特色地标，也成为人们慢生活短暂小憩之处和打卡之地。

菜市场博物馆

菜市场博物馆建成于2016年，这是天津唯一一座以菜市场为主题的博物馆。"民以食为天"，一座菜市场不仅是当地物产起落的对接点，更供养着人们最朴素的生活所需，讲述着天津的故事。

这里有融合着菜市场风情的文字与影像，有六七十年代百姓日常生活的老物件、有津门老字号的那股老味道、还有维系往日生活的柴米油盐的票据票证，这里是让商户在繁忙之余有一个陶冶的场所，是让百姓们在购物的同时，也能看到百姓生活底蕴的渊源处所。

自行车博物馆

如果说几样儿时记忆中存在的场景、物件，菜市场和自行车一定榜上有名，乐业集团位于河西区小海地的中国（天津）乐乐菜市场是一家古董自行车博物馆，在市场中您可以感受自行车百年发展历程，也可以唤起您儿时坐在母亲自行车偏斗里的记忆。

电影博物馆

电影博物馆以电影为主线，将世界各国不同时期的经典电影海报、复原的电影拍摄场景和雕塑、墙绘、展板等藏品巧妙融入菜市场，让人们在购买果蔬的同时，也能更好地了解世界电影发展史和相关影视。

菜市场博物馆内场景——乐业集团中山路菜市场二楼

菜市场博物馆内场景——乐业集团美丽菜市场林苑店

乐业集团中国（天津）乐乐菜市场自行车博物馆

《致富经》也少不了菜市场

《致富经》是央视农业农村频道播出的一档节目。其内容定位是以百姓视角解读他们身边的致富明星，报道涉及经济发展过程中涌现出来的致富经验和创新做法，给观众以启迪智慧。

我作为乐业集团创始人，曾在2016年、2019年作为主人公参与《致富经》栏目录制，并于2019年荣获"全国十大致富榜样"。

《三农创客英雄汇》

央视镜头中春天里的菜市场

在新立菜市场曾经录制过《菜市场里的春天》，并在央视热播。

拍摄《菜市场里的春天》的目的是以菜市场为源头，追溯到各个食材的原产地，由此引出我们主人公的故事。参与此次拍摄的共有五家商户，分别是猪肉摊、牛羊肉摊、果蔬摊、海鲜水产摊、杂粮摊。最后50名商户及购物市民在拍摄现场共同唱起

《春天在哪里》（经改编），把整个拍摄推向高潮，节目在央视农业农村频道《致富经》播出。

乐业集团中国（天津）乐乐菜市场举办"百户庆百年"活动现场

创始人经营笔记

　　从乐业集团开始创建到茁壮成长，我们都参与其中，就像是看着自己的孩子从诞生到成长，在此过程中沉淀了很多我个人关于菜市场经营的实践心得和思考，以此分享给更多的行业经营者，期盼带动整个菜市场行业的快速发展。

　　作为乐业集团的创始人，我会经常在经营的过程中静下来思考。

菜市场经营心得

　　在菜市场经营过程中，遇到一些人、遇到一些事的时候我会经常有感而发，有的还要写下来，以此表达自己的心声。从这些感悟中，也许从中才能够深刻理解一位菜市场人对菜市场事业发自内心的热爱之情。

得意回头　佛心莫停

乐业集团创始人王乐然

工匠精神

要做好做优菜市场，就需要拿出"工匠精神"对菜市场的各项工艺流程进行精雕细琢，"工匠精神"则是在2016年政府工作报告中首次提出的。为了促进品质革命，提品质，创品牌，弘扬工匠精神，企业主要做了以下几个方面的工作。

一、精益求精。注重细节，追求完美和极致，不惜花费时间和精力。

二、严谨，一丝不苟。采取严格的检测标准。

三、耐心，专注，坚持。不断提升菜市场建设和服务，不断完善服务标准和体系。

四、专业，敬业。

我们追求工匠精神的目标是打造行业最优质、最专业的菜市场，打造同行领军型市场品牌。所谓"工匠精神"，第一要热爱自己的工作，第二要对所从事的工作精益求精，精雕细琢。

在企业管理中，精益管理就是"工匠精神"。精益管理就要突出"精""益"两个字，只有依靠信念、信仰，更严谨做事并不断改进工作作风，才能不断完善，直到成功。

二〇一六年十月七日

于领世郡

菜市场要有党组织

乐业集团成立了党组织，作为党的基层组织，企业以此为契机充分发挥党委书记、党委委员的积极作用，各市场党支部、党员，各市场党小组、党员，各市场商户党员，特别是针对有困难的商户群众，进行定期、定点、定人跟踪落实，及时解决他们的所需所求，并让菜市场实现24小时便民服务。

衣食住行、柴米油盐看似小事，却关乎千家万户，关乎百姓民生，只要做扎实、做到位，就会赢得百姓对我们的支持和拥护。企业与商户是血肉联系，我们应该倾心尽力、怀着感情做好工作，制订周密的计划，阶段性、周期性地开展党务活动，定期收集统计服务对象的数据，做好党务宣传工作，乐业集团各级党组织一定要以菜市场这个工作平台歌颂党、宣传党、拥护党。请全体党员同志，带头为实现我们的企业梦——美丽菜市场而努力践行。

二〇一六年十月三日

于去南开林苑路菜市场途中

矜则无功　悔可减过

除了服务一无所有

新菜市场的建设，老旧菜市场的提高，每个员工都应有一种为创意疯狂的精神，要有为创新忙上忙下乐此不疲的情趣。看到百姓每天买菜刚性的需求，就是催促我们如何把更有创意与创新的菜市场完美地交到商户手中，并以此引导经营，其实我们除了服务一无所有。

二〇一七年六月二十五日上午
于南京考察1912商业街1865创意街的途中

菜市场的根

菜有根，菜市场也要有根。菜市场大多数商户的根在农村，新农业、新农民、新农村就是菜市场的根。他们普通得不能再普通，卖有根的菜，他们立足根本，他们快乐、简单、善良、务实，不在乎浮华。

我的好友杜营辉赠书《菜根谭》中写道："宠辱不惊，闲看庭前花开花落；去留无意，漫随天外云卷云舒。"因为"风来疏竹，风过而竹不留声；雁度寒潭，雁过而潭不留影。故君子事来而心始现，事去而心随空"。

人有根才能立命，菜市场有根才能立业。

二〇一八年九月十三日
于领世郡

我们失去的只是无知

进了菜市场，你无论买哪个品种，都有最近的捷径可以走到，因为我们设计卖菜的柜台都是岛台型。菜市场的发展在不断完善，只有从实际经验找经验，才能真正提升人性化经营的能力。菜商的态度，是知足与进取；我们与菜商的区别，是得到和放下。菜商重视质量，我们更重视管理内容。中山路这个菜市场给了我们一个空间，让我们思索，学会调整，我们很多时候，需要的不仅仅是执着，更是回眸一笑的洒脱，一切都是最好的安排，我们失去的只是无知。

二〇一八年十月二十五日中午
有感于中山菜市场

迎着地摊上

菜市场业主熬过了"退路进厅"，已经进入菜市场提升、提升、再提升的阶段，且菜市场行业已经有越来越多的行业精英脱颖而出。然而突如其来的疫情，使众多行业生存艰难。国家为了让更多人实现就业，出台政策，提倡地摊文化。听党话、跟党走，国家的政策坚决拥护，我倡议所有封闭菜市场商户要错位经营，把品质、绿色提到一个更高的水平，同时把售价降到最低，不求最大利益，但求最大量化，让顾客感到菜最便宜、最新鲜，以量取胜，做百姓"菜篮子""米袋子"的坚强后盾。

二〇二〇年六月一日
于公司办公室

学无止境

今天早上，打开手机收到一个好友发的链接，内容是杭州市西湖区骆家庄菜市场在智慧经营的同时，还有直播卖菜，将菜市场内的菜品现场销售，马上订票去看看，学习学习。

智者乐水，仁者乐山。大自然中，山是稳定可信赖的，水是一种柔性品德，虽然弱能以柔克刚，水为善可以泽被万物，但水若为恶，便是洪水滔天。我们要扮演好自己的角色，就是要让菜市场内的商户多卖菜、多赚钱。其实，我们在经商路上最亮丽的风景线就是学习。

二〇二〇年六月十一日
于飞往杭州的飞机上有感

菜市场的演进

菜市场从占路市场到退路进厅再到提升改造，就如同第一个层次为生活，衣食住行与价值，这是维持生命的基本存在；第二个层次是齐家，每个人都有一个家，父慈子孝，兄友弟恭，夫妇好合；第三个层次就是治国平天下，个人家庭与国家是一体相通的。无论怎么做，我认为，当初的占路市场是通过我们不断的努力与信心才有的后两步，信心比黄金珍贵，如果想，全是问题！如果做，全是答案！

二〇二〇年八月十五日

苦中有乐　得意生悲

085

邻居失火，自查炉灶

邻居失火，自查炉灶！凡事预则立，不预则废。企业没有发生问题不等于没有问题！企业今天不出事不等于明天没有事！务必高度警醒，高度自觉，所有的工作必须从管理抓起，因为百分之一的疏忽会导致百分之百的失败，百分之一的侥幸会导致百分之百的不幸，百分之一的隐患会酿成百分之百的悲剧。为湖北十堰市张湾区车城街办艳湖社区菜市场爆炸逝者默哀，生者祈福。乐业集团旗下所有菜市场及夜市小吃街为湖北十堰市户籍的商户免租金一年。

二〇二一年六月十四日

乐业集团菜市场

乐业集团的财富，不是有多少家购销两旺的市场，而是人才、思想、理论、工程施工经验以及内部高效有序的管理办法。

二〇二二年五月二十日

诚信的最高级同样在菜市场

伊丽莎白一世临终说："我愿用我全部财产换取一寸光阴。"一寸光阴，一寸金，寸金难买寸光阴。

乐业集团的菜市场商户说："骗人一两，短寿一年。"

二〇二二年七月十日
读钟淑如博士的《6年逛遍全国菜市场》有感

做菜市场的人

企业要把初心写在菜市场的每一个角落。为商户谋幸福、为顾客谋方便。

过去的菜市场都是少数人的，或者为少数人谋利益的模式。我们不忘初心，牢记使命，为绝大多数人谋利益。我们的责任，是向顾客负责。每句话、每个行动、每项政

策，都要符合顾客的利益，如果有了错误，就要改正，这就是为菜市场负责。

做菜市场的人是一群怀有朴素情怀的人，益在前，利在后，想商户所想，急商户所急，只为商户与顾客同快乐。

在此提前祝大家节日快乐！

二〇二二年九月八日

于领世郡

菜市场有温情

一个好的经营者，不光要有领导力和智慧，更要有一颗仁爱的心。我对员工如此，对商户和周围的人也是如此。

菜市场的善与恶

一个菜市场就是一个社会的缩影，这里有说不完的故事，我就说一说菜市场里那些商户的善吧。

菜市场里的商户来自五湖四海，他们原本从事的职业五花八门，有的是干了十多年小买卖的闲散小老板，有的是国企、私企下岗的职工，有的是一直闲着无所事事的人，有的是退休的工人，还有从监狱出来曾经的劳改犯。很多人对小商小贩都会不屑一顾，认为他们没素质、没修养、不够文明，但通过我和他们接触以后，从他们的身上我发现了很多人性至善的地方，比如他们不怕苦、不怕累、不怕脏，每天起早贪黑、摸爬滚打执着于自己的生意，为了多留住一名顾客，他们热情地接待着每一名光顾的客人，把自己最大的热情奉献给顾客，就是这样一群最普通的人每天在菜市场里做着最平凡的事情。如果没有一个规范的市场、完善的管理制度和良好的环境来约束的时候，有些闲散的商贩或许会在大街的某个角落从事着缺斤少两和城管玩着猫捉老鼠的把戏，有的甚至还大打出手，做着强买强卖的不法生意。不可否认，人在特定环境道德导向会趋向恶与丑，甚至衍生许多令人唾弃与龌龊的违法行径，因为人性在特定的环境下是经不起考验与推敲的。不要站在道德的制高点上去俯瞰别人，怎么做？唯有创造一个和谐共赢的好平台，才能做到约束与规范、修正与警示，这样不仅有利于个体，更有利于群体。

我们竭力打造一个又一个优质的创业平台，为广大流动商户创造着便利条件。只有这些商户有了自己的事业和平台，有了自己的追求和目标，他们才会每天起早贪黑，乐

未雨绸缪　有备无患

此不疲，光明正大地做着自己的生意，他们没有包装，更没有广告宣传，每一个人都在为创造有序、繁荣、文明的菜市场出着一份力，贡献一份善。

简单是多么的快乐，纯粹是多么的美好！

二〇一八年二月二十六日
于海南飞往天津的飞机上

菜市场的道德指标

时代在发展，菜市场也在发生着巨变。现在人们的道德、观念与行为也在发生着改变，当下对菜市场建设与发展，依照的是法律法规，以及人们的道德指标与行为规范，人们在社会生活中既要遵循道德规范，又要遵纪守法。

时代发展了，人们的道德观念与行为也发生了改变，尤其在公共道德精神、规则与法制意识等相关行为方面，表现得更为突出，这也是今天菜市场道德取向的必然，有序、智能、整洁、和谐、菜鲜、价廉的菜市场就是道德达标的菜市场。

二〇一九年二月十八日
于昆明飞往天津的飞机上

菜市场经营的也是人格

关爱商户，就是要求我们要以商户为导向，从商户的角度出发，站在商户的角度思考问题并且满足他们的要求。看似我们经营的是小小菜市场，其实我们经营的也是人格，只有拥有高层次的人格，才能战胜一切。敬天，是遵循客观规律、人间正道、与人为善，换言之就是将正确的事情坚持到底；爱他，是摒弃一切私欲、关爱他人、以利他之心做事。

二〇一九年三月二十日早上
于领世郡

菜市场的男人有风骨

我发现卖菜的男人肩都宽，守妻护子，让人靠得安稳，他们虽然没有翩翩的风度，

可是有做人的风骨。"土豆六块三，给六块吧，剩下的别给了，下次再说。"点滴细节可以看出他们不拘泥小节，但是懂得理服己、行服人的原则。他们对人宽容，唯独对己严苛，起早摸黑，从不迟到，准时准点把菜摆在柜台上；他们不够潇洒，但是活得通透；他们生活艰难，但是活得快乐。菜捆是哑铃，转动的车轮是动感单车，菜市场就是他们的健身房，在这里他们练就了守妻护子宽厚的肩膀，刚毅执着、百折不挠的风骨！

二〇一九年四月九日

于领世郡

菜市场的爱

　　昨晚在海门路菜市场等友人，与几位快到晚八点仍没有收摊儿的商户聊天，发现他们的心是那么阳光、纯粹、快乐。他们的爱直接、充沛又深沉，爱父母、爱丈夫、爱妻子、爱子女，有很多商户是连襟、妯娌、父子、父女，在同一个市场经营着各自的生意，是血缘、亲情和爱把他们聚在一起，他们懂得分享，把自己发现好的事情分享给爱的人；他们精选优质的产品，把最好的分享给顾客，从而拥有了多年的回头客。正是这种给予让他们拥有坦坦荡荡的心、笑哈哈的表情。这让我想起友人的一句话："爱到深处近佛心，知道舍，无须得。"

二〇一九年四月二十五日

于领事郡

对武汉的承诺

　　菜市场行业是一个民生行业，关系到民生一日三餐，这次疫情我们要把顾客生命安全放在第一位，把疫情防控作为胜于企业生死的事去做，进出顾客没戴口罩我们免费发放，通风、消毒、保价格，绝不发国难财，国家好、人民好，我们才好！我承诺：乐业集团所有菜市场，有武汉籍的商户2020年租金全免。《孙子兵法》有云："上下同欲者胜！"武汉加油！中国加油！菜市场加油！

二〇二〇年一月二十八日早

某菜市场

大处着眼　小处着手

搭把手

我小时候妈妈炒菜酱油没有了，妈妈叫我："小乐子，去孙嫂家借点酱油。"家里翻盖房子，门口邻居各显身手，垒砖的瓦工、和泥的小伙子、帮着搬砖的邻里邻居，晚上炸点薯片喝点啤酒、管一顿饭就完事了，这就是老辈们常讲的邻里之间多搭把手。

现在疫情，我们菜市场里的商户，食品许可证没有办的，牌匾要换的，进货差点钱的，家里有点事的，我们太应该搭把手了。

推一把，拉一把，为善最乐。疫情结束了，搭把手永存。

二〇二二年四月二十日下午
于办公室

向弱者付出　向细节付出　向未来付出

菜市场里的商户，就如同家里的兄弟姐妹，强弱不均，参差不齐，记得父亲总是向着弱者一点，他的言传身教我也带入菜市场经营中，我要求我们的菜市场向最有需求的弱者多付出一点。

20世纪六七十年代，我们家里的生活条件不好，一件衣服总是新三年、旧三年，缝缝补补又三年。那时候我的裤子，哪怕只是一面膝盖破了洞，妈妈也要把两条裤腿都补上一样大的补丁，对称美学与最佳比例，尽显细节，妈妈让我懂得在设计菜市场时注重细节。

当下，天津市的菜市场在市区各级领导的要求下，按照智慧化菜市场的方向提升改造。打造全国一流菜市场已经不是口号，我更应该为菜市场的标准化、人文化、多样化、智慧化付出，向未来付出。

二〇二二年六月二十三日
于公司办公室

菜市场有文化

菜市场本来是一个经营和销售蔬菜的地方，但在我看来菜市场不但要有烟火气息，还要有浓郁的文化氛围。在经营过程中，我也悟出了很多与菜市场息息相关的文化。

居安思患　处变当坚

社会就是书，事实就是教材

菜市场内经营的商户大多数为农民（外地人），也有本市下岗职工，每个人的文化水平、家庭水平、成长水平、思想水平等都不一样。

基于这群特殊商户水平，在管理与被管理中我们有时被误解伤害，伤害时心痛不已，这时我们所要做的就是坚强起来，误解伤害次数多了，我把它当成市场成长中最好的礼物。当市场成长起来时（俗称火了），外地商户买房了，把父母接来了，供子女上学了，而本市下岗人员娶儿媳妇了，换商品房了，买车了……所有的矛盾也就此烟消云散。

当收获喜悦时，不要用过多的言语去说教，一笑置之、风轻云淡。其实社会就是书，事实就是教材，要用恒心去实现目标，多学多看明白事与非。

成长了、收获了、淡定了、决心了、明白了……以这五个"了"为新起点，打造"全绿色有机菜"市场为新的目标，再度出发，将新农业、新农民、新农村最优质农产品集结到菜市场，成为菜市场企业真正的主人。

人生苦短，百年而已，而纸寿千年。机遇与命运赋予我们做菜市场，那么就做好菜市场！

二〇一七年二月二十六日
于悉尼飞往巴厘岛的飞机上有感

卖菜的艺术

我们菜市场里的商户，是在别人还沉浸在梦乡时，他们就已经开始了一天的劳作，从凌晨到夜晚，寒暑不分，风雨不停——他们是不辞辛劳的卖菜人。

卖菜人的勤劳体现在卖菜人皲裂的双手、黝黑的脸庞和布满红血丝的眼睛，这份职业是辛苦的，只有勤劳的人才能驾驭，他们要把所有进来的菜修整后再摆放，因为修整后才能漂亮。其实商户这些细节也是审美，所以我认为我们的商户不仅勤劳，而且有文化、懂艺术。

二〇一八年十一月四日
于赴上海参加世界进口博览会的飞机上

百折不挠　身心交益

菜市场的书香味

河西区美丽菜市场三水道店，A8号岛是专营蔬菜的一对夫妻，孩子每天放学后，都会在菜摊边上辟出一方小角落，在不影响父母卖菜的情况下，静静地写作业看书，她沉静的神态与市场的嘈杂形成鲜明的对比。在我眼里，她就是我这个菜市场里最亮丽的一道风景线，这也让我想起作家杨绛先生的一句话："不官不商，有书香。"

二〇一八年十一月十八日
于成都飞往天津的飞机上

感性艺术菜市场

我们不断地学习探索如何把菜市场建设管理得更好，不就是用来考核加分吗？这要求低了，学习是给人生加分的。商户真正体验幸福是需要素质的，物质水平提高了，却不一定能懂得感受幸福，人有两大心智能力：一个是理性，一个是感性。理性代表科学，感性代表艺术，科学搭建了菜市场，艺术美化了菜市场，勤劳的商户，他们不仅爱学习，还要懂艺术。

二〇一九年三月六日上午
于领世郡

菜市场的寄语

我作为乐业集团的领头人，带领着乐业集团不断创新着经营业态和模式，丰富着乐业集团的品牌内涵，也带着对乐业集团不变的初心和整个菜市场行业的美好期许，义无反顾勇往直前。

致林苑路市场商户一封信

林苑路商户朋友们：
大家好！
林苑路菜市场从乐业集团承建至开业，我们迎来了又一个携手奔赴共同致富的新希望新机遇。林苑菜市场不仅在硬件上在全市菜市场建设中首屈一指，同时还在软件管理上也进行了改革创新，将传统菜市场升级为智慧型菜市场，市场内引进添置了18组生鲜智能柜（以下简称云柜）。"云柜"实现了网上下单、配送到柜、顾客自提的便捷模式，生鲜智能云柜类似小冰箱，特别是中、青年的顾客，上午订单、下班取货，再不用担心果蔬、海鲜保存不当的问题。

同时实行菜市场"一卡通"购物消费模式。"一卡通"对消费者而言，在免去诸多现金交易带来麻烦的同时，还能享受充值有礼，积分换购等优惠活动，在消费的同时，不仅得到了实惠，还增添了购买乐趣。对商家而言，推行菜市场"一卡通"消费，免去了营业款被盗、收假币、找零钱、找错钱的麻烦，还缩减了商户现金流动量，零存整取，确保了资金安全性。

精美礼品来就送，只要来林苑菜市场购物消费就能得到购物袋、雨伞等奖品，另外还有购物积分换购礼品的活动，为老百姓购物带来实惠的同时也体现了菜市场诚信经营的管理。

希望大家踊跃参与POS机"一卡通"消费，一定会财源滚滚来；希望大家积极提供合理化建议，我和我的员工一定真心倾听，认真参与实施，希望林苑路市场成为乐业集团第二家全国示范菜市场，大家都受益。

二〇一七年一月十七日

菜市场的诗和远方

在我们团队的努力下，乐业集团已经从传统菜市场逐渐演化为当前的文化创意菜市场，但这仅仅是我们对菜市场探索创新的一部分，菜市场的诗和远方同样是我们所向往和期待的。

诗和远方

作为菜市场专营企业，在自身努力的同时更要引导商户注重菜的品质（绿色、有机），低质量的努力不过是苟且，只有高质量的努力才有丰厚利润的回报并被人尊敬，同时还有诗和远方。做企业更要倍加努力，当机会来临时，同样的付出只有更高品质的努力才更有胜算。历史上拿破仑从1800年反法同盟时期的马伦哥战役开始，历经奥斯特利茨战役、耶拿战役、弗里德兰战役、俄罗斯战役、莱比锡战役，共经历了六次战争的胜利，然而在滑铁卢战役却遭遇惨败，后郁郁而终。

心宽福厚　量小福薄

知道历史还要知道当下，土豆上的拿破仑就不要做了。

二〇一六年七月十四日

于北京火车站考察菜市博物馆的途中

清晨悟语

做人做企业，自尊有时是可以放下的。菜市场的繁荣，商户的需求，是我们的目标和结果。眼界体现了行业品牌的铸造，胸怀体现在脚踏实地把市场做好，过分自尊，看重那不复存在的个人价值，把所谓面子当成做人的底线很难成事。

我们的人生虽有时坎坷，但并不代表我们不行，该放下的必须放下，该收获的迟早会来。

二〇一六年九月二十三日

于公司办公室

践行悟语

是菜市场，筑起了我们眺望远方的阶石；

南开林苑菜市场，思更深；

河北海门路市场，行更健；

河西三水菜市场，不忘初心；

以坐落在中山路上的菜市场博物馆为风向标，再度出发！

二〇一六年九月二十九日

于领世郡

心语

建设菜市场，靠智商！

管理菜市场，靠情商！

做繁荣、有序、文明、有趣的菜市场，是智商和情商的融合。

二〇一七年三月十五日

有感于东丽区新立街新立菜市场协调会

成大业者 不贪小利

生命是可以叠加的

　　现如今越来越多的人讲究生活质量，起初为了饱、暖、物、欲、追求琴棋书画，游走天下。现在生活都以保健为前提，养生健身都是为了延长生命，提高生命的质量。

　　延长生命还有一种办法，就是如何将自己喜欢干的事情视为生命，还有我们的生命，是可以叠加的。

　　自律生活的同时，将菜市场里的商户因我的存在而存在，当成使命，视为生命，因为我们的生命里，都包含着生存、生活与责任。

　　我视菜市场为我的第二次生命。

二〇一七年七月二十四日十点

于乐业集团办公室

偶感（一）

菜市场有文化

菜市场有制度

菜市场有温情

菜市场有发展

二〇一九年七月二十六日

有感于乐业集团上半年总结会

偶感（二）

农产品交易会，聚焦全国市场。

诚信经营守法，脚踏实地守业。

立足市场为本，服务商户求精。

坚持敬天爱人，勤勉万物滋生。

打造农业品牌，预祝大会成功。

二〇一九年十一月十四日

于南昌参加第十七届中国国际农产品交易会

暨中国农产品市场协会第四届会员（理事）代表大会有感

沉潜蓄势　厚积薄发

V
LE YE PIAN
乐业篇

第五章

乐业市场：
柴米油盐自有精气神

浮生五味酸甜苦辣咸，市场可品柴米油盐酱醋茶。伴随细分化市场趋势以及消费者个性化需求，菜市场行业迎来发展契机的同时，也面对着前所未有的运营考验。乐业集团旗下的多个菜市场，以各不相同的文化特色，打造拥有独立气质的菜市场，成为城市文化的亮丽风景，它们又共同集合形成了乐业集团特色。

乡愁记忆：
美丽的菜市场（三水道店）

河西区美丽的菜市场三水道店

项目地址：天津市河西区三水道
　　　　　与枫林路交口
项目规模：3800m² 商铺199间

乐业集团河西区美丽的菜市场三水道店门头设计

乐业集团河西区美丽的菜市场三水道店门头效果图

　　乐业集团第一座封闭式菜市场，建于1999年，2017年以"乡愁记忆"为主题，完成提升改造。消费者在购物的同时，拥有一份沉浸感、穿越感，重拾光阴脚步。这个菜市场覆盖九江里、嫩江里、华江里、三水南里、汉江里、珠江里、平江里、漓江里、龙江里等大型社区，辐射80000余人。经营品类涵盖蔬菜瓜果、米面粮油、肉禽蛋类、牛羊海

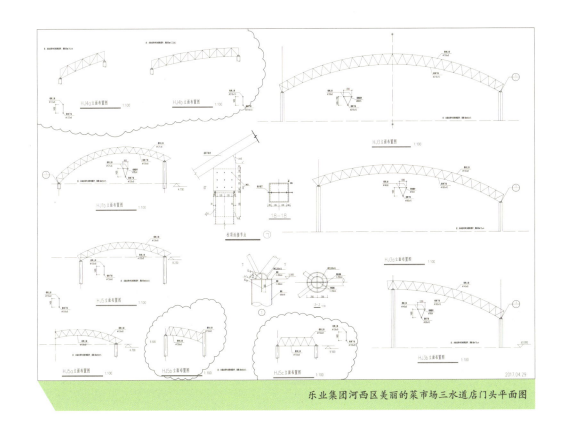

乐业集团河西区美丽的菜市场三水道店门头平面图

鲜、面点熟食、副食调料、土产劳保、服装百货等诸多方面，合理划分区域化经营。

成熟商圈，收益稳定：和悦汇、泉汇购物广场、大润发、人人乐、华润万家、物美超市、好利来、津乐园等知名连锁品牌长期聚集于此。

生活便捷，配套设施完善：天津市河西区第二十一幼儿园、华江里小学、三水道小学、微山路中学、双水道中学、中国银行、中国建设银行、中国工商银行、中国邮政储蓄银行、天津市第四医院等生活配套一应俱全。

多种出行方式选择、交通便利：九江里、三水南里、粤江里、枫林路、川江里、龙江里等多条公交线路，周边都配备了便民停车位。

现有紫燕百味鸡、正新鸡排、老味道炸香鸡、凡仔汉堡、沪上阿姨、百饺园、迎宾放心肉、研卤煮等优质品牌商户。

乐业集团河西区美丽的菜市场三水道店室内文化墙

乐业集团河西区美丽的菜市场三水道店内部整体

乐业集团河西区美丽的菜市场三水道店水果摊位

抱负远大　心智淡泊

打造光影传奇：
王串场社区菜市场

河北区王串场社区菜市场

项目地址：天津市河北区王串场社区五号路
　　　　　与增产道交口
项目规模：8389m^2　商铺241间

乐业集团王串场社区菜市场外部设计

建于2007年，2021年完成提升改造，设计电影博物馆相关元素的主题夜市，将文化与百姓生活的烟火气完美结合，打通传统菜市场经营品类壁垒，建造家门口休闲、娱乐、日常采买的一站式购物场景，是市区中环内最早的大型标准化菜市场。

区域核心、人流密集、客源充足：辐射玉荣花园、春厦里、盛宇里、万科花园、华屏里、平华里、开城里小区、环盛里等大型成熟社区，覆盖周边近110000人。其经营品类涵盖蔬菜、水果、猪肉、牛羊肉、海鲜、熟食、日用土产等品类，合理分区、满足周围居民日常所需。

成熟商圈，收益稳定：世纪华联、物美超市、便利蜂、711、麦卡珑、吉胜克、津乐园、好利来、肯德基等知名品牌长期聚集于此。

生活便捷、配套设施完善：王串场体育公园、天津市第78中学、增产道小学、红星路小学、天津市第三中心医院、天津第二医院、天津中医药大学第二附属医院、天津银行、北京银行、邮政储蓄银行等生活配套完善。

多种出行方式选择，交通便利，宇翠里、王串场芳号里、容新里、王串场四号路等多条公交线路，周边更有便民车位分布。

现有鸡打鸣、阿甘烤鸭、麦卡珑披萨、吉胜克、苗尔零食、正新鸡排、西北角老味牛肉饼、沪上阿姨、乐乐鲜果等知名优质品牌。

乐业集团王串场社区菜市场内景图

持盈履满　君子兢兢

乐业集团王串场社区菜市场文化

乐业集团王串场社区菜市场内部摊位

贪得常贫 知足常富

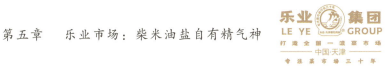

乐业集团王串场社区菜市场内部美食巷

乐业集团王串场社区菜市场内部美食巷

一念之差　失之千里

博物馆里有城忆：
中山路菜市场

河北区望海楼社区中山路菜市场

项目地址：天津市河北区望海楼社区中山公园路
　　　　　与冈纬路交口
项目规模：7527m² 商铺441间

乐业集团望海楼社区中山路菜市场外部图

　　建于2009年，津门星级标准化菜市场+城市发展文化传承示范点。除常规经营外，市场二楼设立全国第一家菜市场博物馆，展示明、清、民国各时期以及新中国成立后计划经济、市场经济各时期菜市场文化发展的变迁，该市场还被誉为天津市"网红菜市场"。

　　本市场处于市区核心地段，覆盖大型成熟社区，人流量大客源充足：昆宏里、芳园里、日光里、中宇里、盛海公寓、春柳公寓等社区分布周边，这座市场文化特色鲜明、物美价廉，吸引着周边其他小区的居民前来采购，是一个市域级的大型菜市场。市场内经营品类涵盖蔬菜、水果、猪肉、牛羊肉、海鲜、熟食、副食、干货、土产等，品类丰富，合理划区经营。

　　成熟商圈，收益稳定：大润发、华润万家、物美等连锁超市，津菜典藏、津沽小院、蓬川食府、津门杨大爷、百饺园、彤德莱火锅、肯德基、麦当劳、津乐园、好利来等百姓熟悉的知名连锁品牌长期聚集于此，经营环境良好，业态稳定。

　　生活便捷，配套设施完善：昆纬路小学、新开小学、天津市河北区实验小学、第57中学、汇森中学、中山公园、建设银行、招商银行、天津银行、天津北站等生活配套设施一应俱全。

　　多种出行方式选择，交通便利：地铁3号线中山路站，昆纬路、宙纬路、辰纬路、辰纬路北、辰纬路南等多条公交线路四通八达，通往全市各区。

　　还有鸡打鸣、和味合酱货、八珍烤鸭、辈呗香干果、鹅掌贵等知名品牌商户，也有"大红旗"有机蔬菜等口碑商户。

乐业集团望海楼社区中山路菜市场外部图

自我调节　有张有弛

107

菜 市 场 建 设 与 管 理

乐业集团望海楼社区中山路菜市场空间图

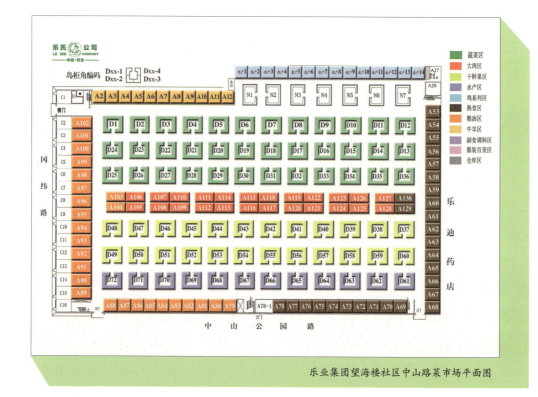

乐业集团望海楼社区中山路菜市场平面图

不可刻意　不能执拗

108

乐业集团望海楼社区中山路菜市场博物馆入口处

菜市场博物馆——乐业集团望海楼社区中山路菜市场

知足则仙　善用则生

一站式购物：
美丽菜市场林苑店

南开区美丽菜市场林苑店

项目地址：天津市南开区王顶堤街道林苑道
　　　　　与苑西路交口

项目规模：3650m² 商铺199间

乐业集团南开区美丽菜市场林苑店外部设计

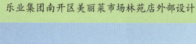

建于2016年，由南开区政府招商引资，在南开区建设一座标准化菜市场，环境优良、设备先进，是乐业集团规划建设的第三代菜市场代表。市场内经营品类涵盖蔬菜、水果、猪肉、牛羊肉、海鲜、熟食、副食、干货、土产百货、服装、家电维修等，品类齐全，可满足消费者一站式购物。

覆盖成熟社区，客流相对稳定：林苑东里、林苑北里、明园里、鹤园南里、迎水北里、郁园里等分布周边，辐射周边120000余人。

地处文化底蕴深厚的新兴城区，周边商圈稳定：毗邻华苑产业园区，同时华润万家、物美、世纪华联、津乐园、桂发祥、麦当劳、肯德基等知名品牌，以及老林本地有机蔬菜、吕记百样炒货、双汇、雨润冷鲜肉等特色、知名品牌分布周边。

成熟社区，配套完善：南开区华苑小学、南开区实验小学、南开区第三十一与三十二幼儿园、南苑公园、中国银行、中国工商银行、中信银行、天津市第一中心医院等分布周边，配套设施完善。

多种出行方式，交通便利：地铁3号线与6号线、林苑北里、长华里、王顶堤北公交站等公共交通设施分布周边，市场外部设有便民车位，方便出行。

乐业集团南开区美丽菜市场林苑店空间设计图

113

乐业集团南开区美丽菜市场林苑店实景图

乐业集团南开区美丽菜市场林苑店大型文创意背景图

乐业集团南开区美丽菜市场林苑店内文化墙

乐业集团南开区美丽菜市场林苑店摊位实景图

遇事从容　身心自在

批发 + 零售：
新立菜市场

东丽区新立菜市场

项目地址：天津市东丽区先锋东路鉴开中学
　　　　　公交站附近
项目规模：6000m^2　商铺340间

乐业集团新立菜市场、商贸城入口

　　乐业集团在天津市环城四区新建的第一家市场，始建于2017年。区别于乐业旗下其他市场，新立菜市场采取了批发+零售的模式，其经营范围覆盖蔬菜、水果、猪肉、牛羊肉、海鲜、熟食、副食、干货、服装、土产百货等众多品类，分行划市，有序经营。周边环绕新立壹号、丽福华庭等社区以及新立新市镇10个回迁行政村，覆盖周边居民达十三万余人，客流稳定。

　　新立菜市场地处东丽区行政中心，配套设施完善，商圈业态稳固，丽泽小学、鉴开中学、天津市第一百中学及万达广场、新业商场等大型商业广场分布周边，加之市场前身为新立商贸城，商业环境十分成熟。市场前配有占地12000平方米专用停车场，同时紧邻地铁9号线及地铁11号线（在建），交通非常便利，方便百姓来往出行。

乐业集团新立菜市场早餐街

减却一事　轻松一世

乐业集团新立菜市场门面房

乐业集团新立菜市场内景图

乐业集团新立菜市场1:1还原1958年毛主席视察新立村场景之一

乐业集团新立菜市场1:1还原1958年毛主席视察新立村场景之二

荣枯消长　静闲者得

乐业集团新立莱市场商贸美食城入口

锲而不舍　百炼成金

自行车上的美味：
中国（天津）乐乐菜市场

河西区中国（天津）乐乐菜市场

项目地址：天津市河西区东江道45号
项目规模：4788m^2 商铺97间

乐业集团中国（天津）乐乐菜市场门头实景图

乐业集团旗下的中国（天津）乐乐菜市场总店，是以自行车博物馆为主题设计搭建的，集合时下年轻人青睐的吃、喝、玩、乐于一体的多元化新型综合体。

中国（天津）乐乐菜市场位于河西区小海地腹地，人流密集，客源充足： 辐射周边华山里、骊山里、微山里、天山里、昆仑里等大型社区近6万居民。

成熟商圈，收益稳定： 大润发、人人乐、华润万家等大型超市，李先生、肯德基、津乐园、天宝楼等百姓熟知的连锁品牌齐聚于此。现有津门胡记特色烧烤、余记臭豆腐、薛氏津味饺子、沪上阿姨等特色优质商户落地经营。

生活便捷，配套设施完善： 曲江公园、珠江公园、邮政银行、建设银行、天津第四医院均坐落周边。出行交通选择便捷，地铁1号线华山里站，珠峰商场、双山里、四季馨园、天山里等多条公交线路，周边更配备多个便民停车位。

乐业集团中国（天津）乐乐菜市场实景图

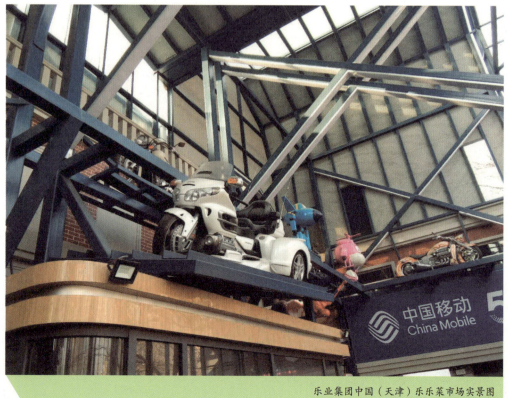

乐业集团中国（天津）乐乐菜市场实景图

乐业集团中国（天津）乐乐菜市场熙熙攘攘的场景

乐业集团中国（天津）乐乐菜市场自行车博物馆展示真实自行车

第六章

建拆之间：
反思与铭志的涅槃

"走好！海门路市场！你与光阴的最后一程有我陪伴！"

2019年，因城市发展规划需求，于2008年诞生于河北区，十余年服务民众，辐射广泛，更因独特的市场文化，成为网红地标，勾起无数天津市民生活回忆的综合市场终究被拆除。这家市场的建与拆，更成了一部微缩版城市民生教科书，其中的艰难与辛酸，只有亲身经历的人，才能深刻体会。之所以把它写出来，就是给正在从事菜市场，或者即将开启菜市场经营的同人们带去一些有益的启发与思考。

永远的城市记忆
——海门路市场

河北区海门路市场

项目地址：天津市河北区泰兴路
　　　　　与幸福道交叉口

项目规模：40000m²

　　海门路市场建于2008年，后因河北区政府要求于2019年拆除。海门路市场可以说是藏在市井义化里的网红地标式综合市场，更是一代天津人的记忆。

　　海门路市场经营的产品品类齐全，凡是涉及生活中需要的产品，基本都能找到，包括新鲜的肉类、水果、豆制品、奶类、海鲜、美食小吃、服装百货、文化饰品、花鸟鱼虫等。在满足人们基本生活需求的同时，也提高了人们的生活质量和幸福感。

　　商圈成熟，设施完善：继海门路菜市场后又陆续兴建了海门花鸟鱼虫市场、文玩市场、海门淘宝街、海门美食广场、海门精品购物广场、海门路夜市等，周边还配置了机动车、非机动车停车位，配套设施完善。

　　辐射范围广：南起幸福道，北至增产道，西起靖江桥花园，东至岷江桥，辐射周边社区近20万居民。

　　标杆市场，声名远扬：由专业设计团队进行整体形象提升改造，新增海门路"蓝房子"精品街，整体建筑设计风格新颖、独特、经营品类丰富，在全市是绝对的"标杆市场"。当时海门路市场门口有一个纯铜打造、巨型鸟笼子，是名声在外的地标建筑。

　　商业价值与观赏价值并存：古色古香也是海门路市场的一大特色。在海门路市场中摆放了很多老物件，每个物件都蕴含了不同的故事。在这些老物件的点缀下，整个市场不但具有商业价值，还包含了文化内涵和观赏价值。

　　采购、休闲一体化：海门路市场除了满足周边百姓一日三餐所需，还是一个老人与小孩娱乐玩耍的好地方。市场内有许多栩栩如生的小动物雕塑，还提供了秋千、滑梯等玩耍设施。实现了采购、休闲一体化，也吸引了很多家长带着孩子前来逛街和玩耍。

乐业集团原海门购物文化市场外部设计

乐业集团原海门路文玩珠宝市场外部设计

扫除外物　直觅本来

它走了却永远留下：
海门路市场浮生记

　　城市如人生，有起伏、有迭代，在光阴的推进中经历着、沉淀着，势必也会迎来新的道路、新的征程。曾经的过往没有一样是虚度的，过去的跌倒正是为即将的爬起阔步做着准备。正如海门路市场的沉浮命运，它的诞生见证了城市的改革史，它的发展伴随着天津市商业发展日趋多元性、文化性、科技性的时代脚步，它的倒下同样也是因城市整体规划思维的需要，这样的"替代"是一种必然，更是必需。海门路市场与这座城市以及城市中的人们相伴11个年头，相信它会永远封存在人们的记忆中，甚至是情感深处。

移山拓路，百折不挠建市场

　　那是一条不怎么"称职"的路，虽然外表很像一条通途，但突然的掐断，只能将其称为"断头路"。那是一座不怎么"像样"的山，人家都是绿水相伴青松为友，它却是由砖头瓦块、垃圾废物堆砌而成。面对这样的路和这样的山，2008年奥运前夕，我们的任务便是将这里改头换面，一所全新的菜市场将取代这里的"尘垢"。

　　这一切缘起于当时区委区政府关于"退路进厅，环境综合整治"的总体部署和要求，希望由乐业集团承担任务为原海门路占路市场找一个"新家"，并解决"悬而未决"的泰兴路断头路和渣土地问题。为此，企业付出7万元资金，投入大量人力物力，展开了"移山"运动，仅用20多天便清走了这座"大山"。乐业集团与政府部门坚守初衷，为广大商户们拓开了一条新的生活路、事业路。然而这样的拓路之行，也经历了从误解到理解，从抵触到接受的过程。

　　市场建设之初，曾经的占路市场商户并未改变固有观念，一些附近居民由于长期以来对菜市场行业的误解而产生了抵触情绪，施工被迫停止。然而，一边是政府民生工程，一边是公众利益，乐业集团最终选择了深挖问题根源，认为化解矛盾唯一的解决路径，就是通过深入沟通消除误解。

　　一方面，在区政府及江都路街办事处成立"江都路街退路进厅领导小组"的基础上，乐业集团组织专人与政府工作人员一同采取入户沟通的方式，了解大家的真实诉求，并对产生的疑问进行答疑解惑。在这一过程中，曾经"隐藏于水底"的问题浮出水面，大家坐在"一条板凳"上共同解决。在这一过程中我们深刻地感受到，解决工程拓路的前提，是要首先帮助大众疏通"心之路"，拓宽"生活路"。

另一方面，作为项目方本身，所有工作人员都应该做好"抗压"准备，并对各种可能出现的问题做出"预案"。施工当天，为了保证施工方与群众的安全，一支由200多人组成的保障队伍配合工程的有序进展。政府相关职能单位、公安、综合执法等部门联动，并把所有与施工有关的车辆编号，专人负责调配。

正是因为有了之前的"入心"交流工作，不少矛盾隐患得以化解，得到了更多群众的理解，河北区政府也因此对乐业的工作进行了肯定。建设工程就此紧锣密鼓地展开，力争将之前耽误的工期抢回来。与此同时，协商工作依然没有停止，正因为有了交心的经验收获，更坚定了同人们后续的工作决心，越来越多人看到敲开自家大门的人，并非为了"图谋私利"而是为了"共谋发展"。方法对了，情感通了，大家甚至成为了好朋友。在协商过程中也曾发生过这样一件事，至今想起，心中仍五味杂陈。那是一位给太多人"不好接触"印象的老人，当时工作人员与他的协商工作进入僵局，老人点名非要见我。到达他家后，我们并没有太快进入正题，而是聊起了家常，在他家我发现老人有一间屋子供奉着佛像，言谈中也感受到老人对信仰的虔诚。突破口来了！二话不说，我出门直奔自家，抱起老友送我的一尊佛像，送到了老人面前，并且语重心长地与他交流，并谈到自己的人生态度，请他放心，乐业的初衷是为了公众利益。正是在这样的交心中，老人家感受到了我的一片诚意，对我说："建菜市场是好事，我们大家都支持你！"后来，这位老人家的儿子还成了海门路市场的商户，专营芦台春白酒，我经常去他那买酒。

多年后，我从他的口中得知老人已经过世，当时老人与我交心的场景仿如昨日。海门路菜市场能够在短时间内开门迎客，像一块磁石吸引着越来越多商户的加入、顾客的盈门，不得不说正和这无数颗"心之嘱托"有着密切关系。

心存共情，让"幸福"真正幸福

"幸福公园，很不幸福。"2008年8月，时任河北区区长薛新立在对刚刚建成的海门路菜市场进行检查时说出了这样一句话。原来，由于新市场的建立，虽然江都路地区相关占路市场问题大部分得到了解决，但幸福道公园旁占路经营多年的花鸟鱼虫市场扰民及堵塞交通的问题仍旧存在。领导的话既是闲聊，又是嘱托，随后，河北区政府便向乐业集团提出希望在海门路市场内对幸福公园旁花鸟鱼虫市场进行安置的要求。

其实，通过市场建设前期有关协调工作的经验积累，我们深刻意识到，最好的问题并非一拆了之、一堵完事儿，而是要在"共情"的基础上，以疏导的形式，只有怀着真正出于替对方解困的初衷，才能赢得配合，引流新市场。只有为更多人寻找到生活的支点，为社会环境带来更多的整洁有序，才能为乐业集团带来更多的新机遇。

在这样的想法支持下，虽然时间紧任务重，但我们仅用了3个月的时间，就在海门路菜市场东南角处三角地带建设了一处约4700平方米的封闭市场，前后共计投入1125万元，安置商户260家，圆满完成了区政府交给的任务。

昆山道服装百货一条街是多年自发形成的以经营外贸服装为主的占路市场。因扰民及堵塞交通问题，周边居民多次到区政府和街道办事处反映。为从根本上解决居民的诉求，区政府决定由乐业集团在海门路市场内进行安置。由于临近农历新年，不仅任务要完成，而且还要尽快给商户们打造一个新平台，避免错过每年最重要的商机。

接到任务后，我们连夜研究部署相关工作，决定将已经建好的东临岷江桥、北靠靖江桥、占地15000平方米的海门路菜市场休闲广场摆放的石凳和沿河的游廊全部拆除，重新建设商铺和遮阳棚，前后投资计665万元，原昆山道占路市场商户全部安置完毕，再一次圆满完成了区政府交给的任务。

2010年10月，为配合区政府完成北宁公园提升改造任务和迎接全市亮点工作检查，按照河北区政府的要求，我们将海门美食广场改成花卉市场，用于安置北宁公园花卉市

乐业集团原海门路购物广场夜景图

场商户。海门美食广场于2009年7月正式对外营业，因环境优雅、情趣怡然，很多顾客来此就餐，为完成本次安置工作，我们多次做美食广场商户的工作并采取多种办法进行分流转移，同时进行施工改造，前后投资383.36万元，建成约3500平方米的花卉市场，终于按期完成北宁花卉市场商户的安置工作。

机针厂坐落在增产道和靖江路三角地带，是区政府土地出让项目。由于该厂房长期闲置成为临时市场并由185户商户在此经营。河北区政府为保证中标开发商尽快进场施工，要求乐业集团海门路市场予以安置。为完成区政府交办的工作，我们分步采取措施：一是将靖江桥花卉市场前的艺术蘑菇亭和钢结构的两个大鸟笼全部拆除，追加156万元投资，在原址兴建棚厅、岛台，以满足机针厂服装、百货、布料商户经营需求。二是将从河西区动员过来的20户商家疏导回流至河西市场，其摊位用于安置机针厂商户。20家商户每年减免租金33.6万元，两年减免67.2万元。三是从机针厂入驻海门市场的20家商户每月租金各减免600元，1年减免14.4万元。四是对经营蔬菜的56家商户采取超长经营期限，全年减少收入23万元。五是为使服装百货布料65位商户顺利入驻市场，企业将每月每间房租由1600元降至1000元，1年减免租金46.8万元。据统计，此次为安置机针厂商户减少租金和建设费用高达307.4万元。

乐业集团原海门路文玩珠宝市场内部图

"赠人玫瑰，手有余香"，正是在这样一个疏解与安置的过程中，原来的海门路菜市场化身为一座区域规划清晰，拥有丰富业态及系统管理的"超级市场"。

值得一提的是，正是由于市场管理的规范，一改曾经"脏乱差"的形象，市场区域还迎来了社区服务中心的入驻。当时一块被23间临建占据的废弃绿地被我们改建为一座总体面积3000平方米，主体四层，局部五层的综合性办公楼。建成后，一至二层用作江都路街社区服务中心，服务中心的入驻不仅肯定了系统管理与科学运营对于菜市场的重要性，也表明整洁便利的综合环境，会为市场迎来更多业态加盟。

就此，海门路市场面向公众的规模基本定型，同时也为整个城市环境秩序起到了积极作用。使得江都路街域内的海门路、加东道、昆山道等十余条道路交通通畅、出行方便，市容市貌得到了极大的改善。商业业态趋于完善，商业辐射达5公里，附近百姓生活便利指数大为提升。

留存津门光阴，百姓市场请来台湾设计

在博物馆里寻找这座城市逝去的光阴印记，伴着大片巨制，其中定会有你的影院情怀，飞驰的车轮时尚的机车伴着的是速度与激情、烟火与舌尖……或许很多人对乐业集团的市场为何如此"不务正业"感到过好奇。其实，我们从未将这份事业定义为市场经营与菜市场开发管理。虽然光阴与城市发展的脚步越来越快，但我们还是希望在手中诞生的这一片港湾，能为这座城市倔强地留下一份独属于它自己的记忆之洲。我们希望在手中诞生的是"一台情感的助推器"，你可以在这里寻找到一家人的温馨，也可以通过这里抚慰一天劳累的心灵；我们希望在手中诞生的是"一部充满艺术与创意的佳作"，能够有越来越多的人在这里发现属于自己的发现，感受属于自己的感受，释放属于自己的释放……市场只是一个起点，乐业希望送给每个人的是一个具有发散意义的"省略号"，后面充满着希望与可能。

带着这样的初衷，我与乐业团队一直在思考着如何为天津市民打造出一个"特立独行"的菜市场。外出主动观察，相关项目留意储备……成了当时所有人的任务。功夫不负有心人，在一次参观过程中，我发现了心中的建筑，辗转联系，终于寻找到了这位中国台湾设计师。记得那是一个飘雪的日子，见到设计师的第一面，就让我肃然起敬，这位身患小儿麻痹的设计师，架着双拐，拒绝了我带他坐电梯的邀请，反而是主动提出先观察整个市场的要求。这样的关注与敬业态度，与乐业集团不谋而合。

在这位设计师的手中，海门路的诸多亮点诞生，例如，服装街以海蓝色为主色调，

吸收了新西兰等国际风格，大家口口相传，诞生了百姓口中的"蓝房子"。开业当天，不少消费者除了被商品吸引，更被环境折服，不少女士拿起电话，当场相邀知己朋友前往。正是因为成功的设计，208间商铺，瞬间被租户一抢而空。

在这样成功的基础上，2016年海门路市场迎来了再次改造，为此我们特地邀请日本著名设计师戴璞，他的任务是让海门路市场成为一家"与众不同"的生活港湾。在这里不但是一个购物卖菜的地方，也是一个休闲和陶冶情操的绝佳去处，海门路市场将会成为烟火气与艺术相结合的典范。与此同时，结合安全高于一切的标准，借助国际前沿安保、消防系统化设计，市场也将借助设计师的妙手，通过科学设计，消除消防等安全隐患，为消费者打造更为安全、舒适且充满艺术设计视觉感的现代市场。

为此乐业集团投入1000万元，注入这样一个为百姓市场"再塑金身"的项目。一座纯铜的巨大鸟笼出现在消费者面前，尤其是鸟笼上的盖顶与钩子，为24K包金，鸟笼在阳光下耀眼华丽，不少消费者乐于在此拍照留念。其实这座鸟笼正衬托出了老天津卫的生活气息，"金色塑身"又为市民朋友们传递着幸福的寓意。

2017年人们惊喜地发现，身边的菜市场、花鸟鱼虫市场、服装、文玩珠宝……已然化身为集聚多业态、大规模的现代购物天地。人们不单单可以在这里解决买菜吃饭的问题，更可以如走入艺术殿堂一般，享受生活，打卡留念。

海门路市场承载了天津消费者城市记忆的同时，也成了天津市商业市场文化新地标之一。

乐业集团原江都路社区海门路菜市场的热闹场景

多心为祸　少时为福

乐业集团原海门购物文化市场内景图

拆除更为永生，你走了却一直还在

2019年10月8日，相信这个日子我一辈子都不会忘记，一份"为配合市政规划要求，限期三个月对海门路市场以及公司办公楼进行拆除"的通知书出现在我的面前。11年的陪伴，11年的守候，11年对梦想的初创与铸就……把一块空地打造成天津市首屈一指的综合购物广场，其中的艰难、喜悦、个中滋味五味杂陈，唯有自知。然而转念之下，这件事唯有接受，唯有理解。海门路市场一路走来，各级政府部门都给予了乐业集团极大的支持，现在政府有需求，乐业集团也必须坚决履行自己的责任。虽然商户们的心情与我一样，五味杂陈难以言表，也有不少老商户找到我倾诉心中的疑惑、不解与对未来的担忧。面对这样的情况，我与同事们总会一一安抚，并且用最大的努力帮助他们，告诉他们："相信，未来一定会更好！"乐业集团与政府的目的是一致的，均是希望这座城市能够发展得更好，这座城市中的人可以享受到更为优质、舒适的服务。任何事物，朝阳的华彩均是来自曾经黄昏满山的奉献。

宁默毋躁　宁拙毋巧

2019年11月起，乐业集团先后投入大量人力、物力和资金，抢时间、抓效率，做好市场拆除及商户安置工作，因2020年年初疫情暴发，最终，在2020年4月，海门路市场拆除及商户的安置工作全部完成。

我将拆除通知告诉我的女儿——时任乐业集团总经理王雅奇后，她给我回了一句话："爸，您就当海门路死了。"听到她的这句话，我立马释然了，简单布置工作后，我便出国散心了。由王雅奇总经理牵头，在乐业集团核心管理团队的通力配合下圆满完成了拆除及安置工作。

海门路市场一直还在！它在乐业发展版图的每个细胞之中，从精心孵化到雏形诞生，从培育成长到凝聚积累，虽然如今的海门路市场已经随历史的光阴而去，但与它陪伴相守的整个过程，无疑都是在为日后乐业集团对于市场经营、管理、兴建等业务作出了样板与实践。更多消费者在如今所享受到的购物环境、服务、体验也都或多或少受益于此。

人生多有不如意，万事只求半称心。当您在乐业旗下的菜市场闲庭信步，筹划着今天给心爱的家人或自己烹出怎样的舌尖味道；当您寻觅着津门之味，感受着"哏儿都"之趣，希望在这里选择天津特产带到自家的城市，延续生活的风骨；当您伴着多彩霓虹，手中虽捧着心仪的夜宵，却还要搜罗着下一样美食……海门路市场，如影随形！

乐业集团原海门购物文化市场内景图

建与拆的反思，
一切都是最好的给予

　　海门路市场的建与拆，都是依循当时的市政规划需求，乐业集团上下一直坚持有供有需原则。因此，无论海门路市场的建设还是拆除，企业均尽全力配合。

　　时至今日，当人们再次提及海门路市场时，仍不免感叹唏嘘，回忆着与它相处的往日美好时光，相对于乐业集团所有同人而言，每个阶段有每个阶段的收获和感悟。或许，一切都是最好的安排！兴建海门路市场，是机遇、是历练，更是为乐业能够服务更多公众、奉献社会力量敞开了一扇窗；拆除海门路市场，是取舍、是敬畏、是铭志，更是"而今迈步从头越"的更好完善、更高要求与更新诠释。可以说，海门路市场的拆除经历，拥有着同样的含金量，乐业集团，尤其是管理者们更需珍重。对这一经历的记录，也是所有行业同人值得分享与品味的。

　　启示：

　　※菜市场，作为"一头牵着百姓菜篮子，一头牵着农民钱袋子"的重要民生工程，除了我们自身要付出超越常人的努力外，更离不开政府各级部门的支持与帮助。所以，一方面，无论何时何地，我们都要牢记使命，保持正确方向，履行自己应尽的社会责任。另一方面，社会管理与商业运营是社会发展的重要组成部分，相辅相成，在做好政府"帮手"作用的同时，更要做好百姓的"贴心人""好邻居"，这样的桥梁作用会使企业赢来更多社会效益。

　　※企业在进行沟通工作时，切忌给人"公事公办"的生硬感，有效的沟通是建立在人际沟通与情感沟通基础之上的。所以，切莫着急直入主题，只有了解"矛盾点""闭塞点"，有针对性地解决问题，才能事半功倍。

　　※作为疏与解的有效方式，"共情"感首当其冲，各方有各方的角度，各方有各方的难处，换位思考便会有新的发展。很多时候，市场作为功能性主体，是可以为商户解决问题的，例如就业、摊位、未来预期……不少问题都出现在误解与不解上，需要寻到"心病"解决"心病"。

新舰出海：中国（天津）
乐乐菜市场——滨海古林店

写在前面的话：2023年癸卯年，乐业集团这一年收获满满。临近年末，乐业集团总经理王亚特，11月3日度过了25岁生日，光荣当选天津市青联委员。我代表中国企业家参加了在墨西哥举办的世界批联大会并就职世界批联成员。在年尾11月29日这一天，又创造了天津市土地价格溢价136%的价格，0.6亿元拍下金福源地块的壮举。乐业集团在打造全国一流菜市场的道路上又迈进了一步——每一项目、每一脚步、每一阶梯对于创业者、守业人，均如稚子珍视呵护，就让我们以一段真挚细腻又饱含希望的父子信件，拉开"中国（天津）乐乐菜市场——滨海古林店诞生记"的序幕。

亚特：

11月3日是你的生日，意味着你已经25岁了。回顾24岁这一年，由一个市场经理升入副总经理，当选了河西区青联委员，并于本月8日、9日，参加了天津市青联第十四届委员会第一次全体会议，被增补为市青联委员。所有这些成绩，爸爸都为你感到骄傲和自豪。你今年25岁了，我想与你重点谈一下读书的好处，成功者没有不读书的，读书是可以预测预判预知的。读书使你具有前瞻性，让你知道如何在选择中努力，让你的认知有区别，读书让你知道脱贫不是消灭对手而是苦练内功、屯积实力。读书让你遇到像大港金福源的项目，会破釜沉舟义无反顾地断然拿下直到胜利。读书能让你学会主动示弱，为什么示弱？因为弱后有寿（不是猛兽的兽，而是长寿的寿），而寿则为善；读书能够让你明白如何为善最乐；读书能够让你有别于其他人；读书能够让你大学里学到的文化知识转化为智慧。读书不仅使你文气，而且还能让你大气、贵气。电视连续剧《一代大商》孟洛川的老师说："半部论语治天下。"特特，如果想干一番属于自己的事业，就要懂得什么是哥们义气（帮助朋友拆借资金）、社会责任（承办27届津洽会，一个整馆承租后的招商）、治家（你买最贵地段的婚房不是为自己享受，而是为孩子上学，接受好的教育）。论读书的重要性，你身边最好的例子就是你的爸爸，我因读书而编写了一本《菜市场建设与管理》的书。如果我没有读书的习惯，别说写了一本书，就连给你写这封信、写书的想法都不会有。读书能够使你学会立体网状式地缜密、睿智指挥乐业集团前行，遇到千头万绪的事情，如帮助政府拆迁安置商户，你也会剥茧抽丝，扫清脉络，直到胜利；读书能够让你统修福祉，为商户挣钱，让百姓买菜方便，为民生福祉贡献力量；读书能够让你对不确定性的未知困难勇于承担以及培养对创新的洞察力；读书能够让你具有超强的执行力与极致的协调能力。读书使你知道敬畏你的事业，懂得为什么生于忧患而死于安乐，知道为什么"唯有惶者而能存在"的哲理；读书让你知道为什么要延时获利，如何带领乐业集团所有商户共同富裕。爸爸给你一个建议，把因疫情没有读完的硕士学位用两年时间拿下来。俗话说："文无第一，武无第二。"把学习作为终身的乐趣和成就。还要提醒你，读书不是读死书，死读书，而是要从书本里走出来，活学活用书中智慧。最后祝你生日快乐！去年24岁在三亚打了24洞，不知今年在哪个高尔夫球场打25洞。其实我想表达的是：爸爸也是一个不完美的人，但是一直在追求完美和成功的路上。虽然你25岁了，但是老爸永远支持你，永远做你最坚强的后盾。你是我最棒的儿子，无论在哪儿打球都是坚持，有个好身体不光能打好高尔夫，还能做好自己的事业。好身体来源于好习惯，再次祝我最爱的儿子生日快乐！

爸爸王乐然

2023年11月3日来自法国巴黎戴高乐机场的祝福

滨海土地发展中心大港地块拍卖现场

中国（天津）乐乐菜市场——滨海古林店大事记

2021年2月5日，乐业集团首次接洽金福源市场。

2023年3月1日，经过多方的协调和沟通，双方签订转让协议，原市场管理方与乐业集团财务室、办公室、人事室……四部四室团队代表出席。

2023年3月2日，乐业集团刘彬、吴兆明与对方进行了市场管理人员交接，随后王亚特总经理与对方总经理就市场改造细节进行了深度沟通。

2023年3月6日，在双方清算费用完毕的基础上，乐业集团将市场转让费准时汇至原市场管理方账户，双方完成了财务上的交接。

2023年3月7日，乐业集团搭建施工专用库房，同时进行临时市场搭建的启动。

2023年3月19日，乐业集团开始对原市场范围内的岛台进行改装。

2023年3月21日，乐业集团进行商户安置方案第二次讨论，当晚14个岛台安装完毕。

2023年3月23日，确定金福源市场临时安置点商户搬迁方案，14个岛台43名商户顺利完成搬迁。

2023年4月6日，协调滨海新区园林服务中心，办理公共卫生间搬迁事宜。当日同时完成了市场东侧水产区水电施工工作。

2023年4月9日，完成市场东侧集装箱搬迁工作，市场东侧正式开始施工。

2023年4月14日，完成市场公共卫生间搬移工作，新购置公共卫生间投入使用。

2023年4月15日，积极同附近小区物业负责人进行沟通交流，谈妥施工泵车临时停靠小区内作业和开通市场与小区之间通道等事宜。

2023年4月26日，街道办主任与门惠玲、吴兆明，到消防支队，就市场消防问题进行沟通交流，同时完成年检工作。

2023年4月27日，东侧水产区和靠近居民楼的餐饮区、水产区安装空调座机架，为餐饮区安装排风排气等必备装置，为节后快速顺利搬迁做好准备工作。

2023年4月28日，梳理撰写《市场安全生产制度汇编》《安全事故综合应急预案》，定人定位定责，按每个商户配备两个灭火器的标准，统一配齐消防器材。

2023年4月29日，在王亚特总经理指导下，对市场水产区域位置进行调整，使品类分布更加合理。

2023年5月6日，完成11家餐馆、1家土产、1家修理电动车商铺的搬迁。

2023年5月10日，对金福源市场内通风、市场东侧小吃一条街照明、市场南侧机箱吊装、监控摄像头安装、市场西侧安装空调座机架等问题进行了沟通协调和解决。

2023年5月16日，完成8户早点（餐车）、6户水产商户搬迁至规划位置。

2023年5月21日，完成市场东侧、西侧，早点小吃、水产、酱货、鲜花、酒等品类的搬迁工作。搬走市场南侧集装箱17个，积极为市场内8家商户协调集装箱存放货物，有序推动了市场南侧拆迁工作。

2023年5月23日，完成市场南侧3排房的预分配工作，积极同园林领导沟通，初步开通市场南侧6米通道，以方便商户和顾客出入市场。

2023年5月28日，应商户要求开通市场南门，使小吃街和市场融为一体，并对部分房租价格提出改动建议。

2023年6月4日，在董事长的直接领导下，完成所有新老商户的安置工作，满足了绝大部分商户的需求和诉求。

2023年6月6日，积极沟通街道办主任，办妥市场加装电表的申请。

2023年6月16日，通过积极协调，强力推进，已将市场南侧集装箱全部搬走，顺利完成清空场地的任务，为招拍挂创造条件。

2023年6月21日，跟园林协调，办妥广告牌基础占用绿地。

2023年6月26日，金福源市场所有商户全部搬迁安置完毕，款项按协议全部落实。

2023年7月2日，在王雅奇总经理指导下，积极同津港水务沟通，办妥施工用水。

2023年7月10日，在董事长指导下，抽调市场得力人员4名，增加车场管理员1名，加强金福源市场内及周边的管理（规范商户停车、清整早点车及散摊）。

2023年7月26日，积极对接执法队，已将流动早点清离市场周围，尽全力与流动早点商户进行沟通，争取让其进入市场规范经营。

2023年8月5日，在亚特总指导下，将金福源市场南侧6米道的5名商户进行调整，经精密计算，多轮协商，所有商户都比较满意。

2023年8月12日，在王亚特总经理指导下，将金福源市场南侧6米道上5名商户的经营位置进行了调整，满足了商户的要求，方便了顾客的需求，维护了市场的秩序。

2023年10月31日，2023-7号大港地块，挂牌公示日期。

2023年11月9日，获取2023-7号大港地块招、拍、挂文件，并提交资料。

2023年11月27日，2023-7号大港地块报名竞拍日期截止。

2023年11月29日，2023-7号大港地块，在滨海新区土地发展中心对外挂牌竞拍，8家竞标者参与竞拍环节，最终，天津市青联委员会委员王亚特代表乐业集团的乐创置业以6000万获得该土地，自此，2023-7号大港地块，开启了新篇章。

2024年11月1日，天津市规划和自然资源局滨海新区分局依据《中华人民共和国城乡规划法》和住房和城乡建设部《关于城乡规划公开公示的规定》的有关要求，现将新建乐乐菜市场项目建筑设计方案总平面图进行公示。

时间：2024年11月1日至2024年11月11日，为期七个工作日。

项目名称：新建乐乐菜市场项目

项目位置：天津市滨海新区大港海景七路以东、旭日路以北

建设单位：天津市乐创置业有限公司

设计单位：天津滨海新区城市规划设计研究院有限公司

项目简介：项目总用地面积7513.2平方米，总建筑面积约10133.12平方米，其中地上建筑面积约9237.08平方米，地下建筑面积约896.04平方米。主要建设内容为一座菜市场，总建筑面积约10133.12平方米，其中地上建筑面积约9237.08平方米，地下建筑面积约896.04平方米。

永葆初心坚守众乐，
为更多人打造拓浪的方舟

　　从建与拆到拆与建，企业脚步相伴城市脚步，必须在跌宕中迎来新的开局，新的发展。可以说，初心才是"定海神针"，懂得坚守，才能守得云开见月明。

　　2023年11月29日，滨海新区土地发展中心，大港港东新城商业地块"津滨大（挂）2023-7号"，用地面积0.75公顷，挂牌起始价0.25亿元。拍卖过程中，8家竞买人激烈竞拍，争相竞价，表现出对港东片区地块的高度认可和渴望。场内气氛紧张而热烈，每一次竞价都会引发一场激烈的角逐，价格不断攀升，拍卖师最后一次加价，以0.6亿价格一锤定音。

　　乐创置业法人、天津市青联委员王亚特代表企业拿下了这块土地，其面积为7513.2平方米，规划用地性质为商业用地，容积率≤1.2，建筑面积9000平方米，成交楼面地价6667元/平方米。

　　此块用地将打造兼具民生保障、餐饮娱乐、文化交流等多元用途的商业场所，并对滨海新区大港金福源菜市场进行科学资源调控，从多方面进行产业提升，并融入先进、

完善的经营管理技术体系。现有200多家商户将得到更为优越的经营环境及扶持保障，周边11万常住人口也会因此获得更为便利、安心、全面的生活服务。

乐业集团创始人王乐然于2024年还为广大租户准备了一份厚礼——增资4000万，为乐业集团各市场租赁满三年的商户提供资金支持、技术支持和置业支持等诸多外援资助，扶持赋能商户做大品牌。

启示：

※"把惠民生、暖民心、顺民意的工作做到群众心坎上。"这句话对于一个与民生保障业务息息相关的企业同样适用。企业管理者的格局意识，关系到企业发展，关系到每一项业务的生命力。

※经济效益与社会效益，很多时候并不冲突，企业如是，商户如是。养家糊口、安居乐业、服务百姓、社会和谐，这是一个阶梯，也是一个价值系统，抓住每一环节，达到企业、商户与社会共同受益。

※紧抓"命运共同体"思路，市场与商户的关系，并非提供一个平台，建立一处场所，而是同乘一条船，共拓风浪，携手尽享曙光；不是送一程，而是陪全程。

乐业集团中国（天津）乐乐菜市场——滨海古林店设计效果图

知人者智　自知者明

VII 实战篇
SHI ZHAN PIAN

第七章

梧桐引凤：
招商引流蓄能量

每一个新建菜市场都会面临两个问题，那就是如何招商？如何做前期引流？招商与日后菜市场运营息息相关，成功的招商和前期引流是菜市场项目迈向成功的重要一步，但招商和前期引流不是一蹴而就的事情，要制订一套完善的招商、引流计划。

招商"避坑"指南

菜市场在招商过程中，存在种种误区。招商部门需要警惕这些误区，避免无效或低效招商。

坐等商户上门

坐商、等商，是招商过程中常见的现象。

乐业集团现有菜市场都经历过早期的"卖方"市场。坐商、等商在早期也曾经历过，当时开业入驻时都是商户主动找上门租摊位，且大部分市场都有很好的客流基础，所以没有特意做大规模招商和引流活动。

但是，当下采取原有的坐商形式去招商（如张贴招商标语、广告等）已经不适用了，招商也绝不再是一件"守株待兔"的事情，这种坐等商户上门的思想应当有所转变，最有效也是最直接的方式就是跑街，再有就是利用好的网络平台，如大众点评、抖音、微信等，摸清全市范围内有特色、有口碑、有影响的商户，收集并储存形成自己的信息库。

给钱就租

菜市场招商是一项关系长期发展的工作，很多人在招商的过程中，只顾追求短期利益而忽视长期利益，在招商的过程中，不顾商户优劣，只要有人缴费租摊位就可以入驻菜市场。这样，劣质商户会拉低菜市场的整体形象和经营水平，最终影响的还是菜市场的长期利益。招商，要有长远的眼光，对短期利益的贪婪，就是对长期利益的漠视。

"一个萝卜一个坑"

传统招商过程中，招商工作人员为了招商而招商，认为招商工作就是"一个萝卜一

个坑"，填满萝卜坑就完成了招商任务，就可以万事大吉了。事实上，这种招商心理将会使菜市场在后续运营过程中遭受很多潜在的损失。

在招商之前，就应当分析招商明确需要什么样的商户，商户业态配比是多少才能满足市场需求等，根据招商需要，要对前来参与招商活动的商户进行严格筛选，以确保实现精准招商。

价高者得

传统招商，往往是"价高者得"，将招商看作一场竞标活动。这种方法招来的商户鱼龙混杂，虽然菜市场当下赚得盆满钵满，但从菜市场的长远发展来看，难以给菜市场带来持久的生产力和后续盈利的能力，这是不利于菜市场可持续发展的。

正确的招商方式，是采取公平、公正的方式，以菜市场长久发展为原则，选择适合菜市场自身需求的优质商户。

乐业集团创始人接受媒体采访

存心中正　做事切实

招商三原则

招商的目的在于实现菜市场经营上的盈利，成功招商是实现菜市场顺利盈利的先决条件，掌握一定的招商原则，有助于菜市场招商取得事半功倍的效果。

主动出击原则

在招商过程中，应当破除保守思想，主动出击，手握主动权，以情招商、以商招商，全力开展招商工作，并且要将一些具有市场知名度的商户、优质商户等主动邀请过来，进行一对一的洽谈，以加强彼此的了解，为下一步与这些商户进入实质性合作奠定良好基础。

黄金比例原则

菜市场是一个融合了多样化业态的综合场所。招商的时候，要注意维护和管理好菜市场所有业态的经营比例，以保证整个菜市场拥有丰富的业态，切不可只注重短期利益而忽视长期盈利，不可因为某一业态比较火爆，就专注于这一业态的招商，而忽略其他业态的存在。

在招商之前，一定要确定招商任务，要将业态比例和业态数量规划作为考虑的因素。虽然在实际招商过程中难免会出现结果和预期的偏差，但有了招商业态黄金比例做参照，就能使招商工作更加有计划性、科学性、合理性。

稳定消费原则

菜市场招商的最终目的其实还是为了实现菜市场的长远发展。而菜市场的长远发展，是建立在稳定的客户群基础之上，这是保证菜市场稳定盈利、持续发展的前提。

这就要求菜市场在招商的过程中，应当充分了解周边消费者的消费习惯与喜好，围绕当地消费者购买习惯，优先挑选那些在当地拥有较高人气的商户。当然，还应当确保所招商户类别要全而精，只有这样才能满足消费者日常生活的实际所需。

实用招商技巧

商户只有发展得好，菜市场才能获得持续发展。如果招商工作没做好，菜市场摊位大量闲置，整个菜市场的日常运营成本就无法覆盖，就会导致前期投入难以回本，甚至会造成一定的经济损失。使用招商优化方案与技巧，是菜市场长久、有效发展的秘密武器。

合理规划商户类型

在招商之前，首先要明确商户类型，并对商户类型做出合理规划，以便有针对性地开展招商工作。

菜市场商户类型比较丰富，可以分为连锁品牌商户、绿色有机菜品商户、特色业态商户和大众品类商户。

1. 特色品牌商户

特色品牌商户，能提升整个菜市场的水平和调性，特色品牌商户入驻，可以给其他商户树立经营信心，同时也可以吸引更多消费者前来消费。

2. 本地菜品商户

本地菜品商户，主要是在菜市场销售本地各类菜品，这也是消费者日常生活所需。正因为是本地菜品，在价格上具备实惠和易接受的特点，所以更具竞争力。

3. 特色业态商户

特色业态商户，主要是对菜市场业态起到丰富品类售卖的作用，比如特色小吃、特色娱乐、特色商品等。

4. 其他商户

其他商户在菜市场中占总商户数量很大一部分比例，也是菜市场最基础的商户，他们是整个菜市场服务的基石。

宣传渠道多元化

随着互联网、移动互联网越来越快的发展，一个崭新的新媒体时代已经悄然来临。这就为每个菜市场带来更为低成本、见效快的快捷招商渠道，为招商打开了一条新途径。菜市场在开展招商活动的时候，应当全面整合线上、线下渠道资源，通过宣传渠道多元化提升菜市场招商曝光率和转化率。

可以通过线下菜市场周边发放宣传单、菜市场外部张贴招商广告，或者组织相关活动进行招商。线上可以借助朋友圈、微信公众号、微博、短视频等渠道全方位做招商宣传，以吸引四面八方的商户。

前期招商宣传做得好，能让更多人知道菜市场，这样商户才更加愿意慕名而来，才能形成"有商可挑，有商可选"的态势，从而保证招商工作的质量。

中国（天津）乐乐菜市场招商厂家多位置宣传

使诈终败　弄巧反拙

抛出实在让利政策

每个人做生意都是为了有钱可赚，除了开源，还会想方设法节流。影响商户是否入驻菜市场的其中一个因素就是摊位租金问题。

菜市场在招商的时候，不要为了短期利益就哄抬租金，要将目光放得长远些。一方面可以根据菜市场的实际情况，制定一些切实可行的让利政策，给予商户租金上的优惠和让利。租金高低应当根据所在区域的整体租金价格来定，在租金成本上得到优惠，是一种有效的节流方式。租金优惠对于商户来说具有很强的吸引力，商户成本控制得好，利润空间就会增大。

另一方面，可以站在商户的立场上，允许那些优质的但较为困难的商户实行分期缴纳租金等措施，这样可以有效缓解困难商户的租金压力。

广泛宣传自身特色

商户入驻并不会"投金问路"，而是在对菜市场全面考量之后才会做出最终决定，为此，菜市场在招商的过程中要有自己的鲜明定位，做好自身特色和长效发展的系统宣传，以展现自身行业优势与实力。这些都是菜市场证明自己是否具有市场前景和发展空间的重要途径。只有将自己的特色和风采展现给欣赏自己的人，才能很好地吸引优质商户入驻。

所以，在招商之前，招商人员就应当寻找本菜市场在同行业中与其他菜市场之间的不同之处，并把这个不同之处进行放大，这样就能体现出本菜市场的行业优势。

多部门联动招商

菜市场招商不只是招商部门的工作，因为招商需要考虑很多方面的因素，涉及基础建设、广告宣传、让利政策等方方面面。招商部门应当与工程部、市场部、企划部、财务部等部门联动起来，进行全面衡量和布局，这样才能让招商工作做到位、做得好，为菜市场日后的运营实现良性循环打好基础。

选商要点

前期招商准备工作完成之后，接下来就要进入选商环节。从"招商"到"选商"，也是从量优到质优的升级，只有层层把关，严格甄选，才能保证所选商户的优质性。

选择优质商户

一个菜市场中包含的经营摊位数量越多，这就意味着要招的商户数量越庞大，在招商的过程中，选择商户应当择优选取。

一方面，菜市场做招商工作，其实也是一个为自身塑造品牌形象的过程，菜市场招商不能盲目认为"一个萝卜一个坑"，完成招商任务即可。要知道，商户之间也是有优劣之分的，要优先挑选优质商户，切勿让一些不规范商户的不规范经营行为影响整个菜市场的整体形象，稳定和培养那些优质商户，应当使其成为菜市场经营商户群中的代表，最大限度地让菜市场在广大消费者心中树立起良好的品牌形象。

另一方面，这些优质商户对后面的招商工作可以起到很好的带动作用，具有一种无形的吸引力，能够吸引更多的优质商户入驻。

商户筛选规范化

招商遵循漏斗理论。在招商过程中，很多商户都来参加。面对如此多的商户，就应当加强选商标准和规范化管理工作。在挑选商户环节，要有一整套科学、规范化考核机制，明确低质量与高质量商户的区别，并从中筛选出优秀商户。

对商户的筛选，可以从他们的从业经验、理念、资历、背景、对菜市场的看法等方面来衡量与判定，设立面试和笔试环节，或者拟定商户问卷，通过面试和笔试的打分情况，以及问卷回答情况来判断该商户是否为优质商户。

当然，如果菜市场开设的是连锁市场，还要根据菜市场所在区域的不同特点，设置两套甚至多套面试和笔试的考核标准。

商户筛选流程化

　　菜市场招商，商户筛选流程化，明显有助于提升招商工作效率和工作质量。科学的招商流程，应当包括招商方案制定、落实招商地点和时间、做好招商宣传、接待目标商户、意向商户洽谈、商户资质审查、面试、笔试以及后期培训、再次考核、签订合同等，可以将这些流程规划到具体招商流程中，在招商、选商环节按照招商流程做好严格把关，最终使得成功入驻菜市场的优质商户质量更具真实性。

养商策略

打江山容易坐江山难。如果把招商看作"打江山"，那么养商则意味着"坐江山"。将商户招进来，并不代表万事大吉，如果忽略了后期养商工作的重要性，就会使之前招进来的商户留存率降低。这既浪费招商成本，更不利于菜市场的发展。

创造良好经营环境

菜市场是商户每日经营和活动的主要场所，能给商户创造一个良好的经营环境，保持市场内整洁、使用设施齐全，这是留住商户最基本的条件。此外，还需要做好整个菜市场的规范化管理，让商户看到菜市场良好的发展前景等。这些都是让商户能够踏实经营，愿意长久驻扎菜市场的关键。

注重商户经营培训

菜市场本身和商户之间是一个命运共同体，一损俱损，一荣俱荣。从商户正式入驻菜市场那天起，菜市场和商户就捆绑在一起，商户的发展、利益以及经营能力的提升，也与菜市场息息相关。

因此，要注重对商户进行经营培训并定期举办培训活动。在对商户经营行为规范的同时，还要将时下最先进的经营软件、经营模式、经营技巧等分享和传授给商户。这样不仅可以让商户的经营能力得到有效提升，还能使其赚到事半功倍的利润，真正实现名利双收，如此人性化的菜市场，商户也自然愿意留下来。

给予商户福利政策

借助福利政策留住商户，也是一种很好的养商方法。能够入驻菜市场的商户，都是前期费时费力，千挑万选出来的，如果不注意维护好与他们之间的关系，就难以增加菜市场与商户之间的黏性，导致商户流失，对于菜市场来说就是一大损失。

可以设定一定的奖金福利，对于那些在经营中表现优异，对菜市场做出突出贡献的商户，要给予相应的奖金福利。这既是对商户表示鼓励和表扬，也是增强商户对市场的认可和归属感。

以服务心态去做事

商户既然已经成为菜市场的一员，我们就有责任为他们提供贴心、周到的服务。以服务的心态去做事，也是留住商户的一个重要策略。

为商户提供的服务，代表了菜市场的管理者文化修养，也体现了菜市场的整体形象和综合素质，只有真诚的服务态度和方式才能赢得商户的心。

1. 经营服务

在菜市场经营过程中，商户经常会出现各种各样的困难，如排水问题、电路问题等，这些问题的出现会影响到商户的正常经营。我们应当对商户上报的问题及时给予反馈，并做好维修。此外，还应当加强平时检查和修缮等服务措施，应尽量避免这类问题出现，给商户一个放心、安心、舒心的经营环境。

2. 协助服务

为商户服务，就应当想商户之所想，急商户之所急。除了必需的经营服务之外，还应当为他们提供协助性服务，比如协助商户办照考证、申请贷款等。这些协助服务，都可以为你带来不可估量的回馈价值，还能够很好地解决菜市场的养商问题。

注重营造人文关怀

菜市场就是"缩小版"的社会，市场管理与商户之间、商户与消费者之间、市场管理与消费者之间、商户与商户之间关系处理得好与坏也是菜市场能否经营顺畅的关键因素。

就拿管理方与商户来说，我们不仅仅是甲方、乙方的关系，也不仅仅是管理方与被管理方的关系，我们之间更是服务与被服务的关系。在为商户提供普遍性、标准化服务的同时，还应当注重个性化服务的渗透，营造人文关怀。

比如，商户家有婚丧嫁娶，除了市场管理部门前去问候之外，我们还会有相应的制度规定；又比如商户家遇重大事故，中途终止合作，市场管理在审核完毕确认无误后，会为商户迅速办理退费手续等。

留住人首先要留住人心。人与人之间的关系都是通过某件事儿来维护与强化的，要经营一个好的菜市场，人文关怀必不可少。

前期引流路径

　　菜市场发展离不开人群消费流量，尤其是前期流量，对菜市场的现金流回收、口碑传播等极为重要，也关系到菜市场商户的经营信心。一家新开张的菜市场，必须掌握好前期引流路径，这样才能吸引大量消费者。

市场装修造势引流

　　真正的营销高手，其实在菜市场装修时，就已经开始借助装修造势，吸引广大民众的关注度，以此来提升曝光率，为自己开业引流造势。

创意门头设计引流

　　绝大多数菜市场的门头设计，都会给人一种传统的历史感，人们看多了就会习以为常没有感觉。如果能在菜市场门头上下功夫、做文章、搞创新，就会给人带来不一样的视觉感受，人是视觉动物，只有第一眼看到能够吸引眼球的东西，才能吸引人们的关注。

　　做门头创新设计，要准确反映出门头的独特性和标志寓意。

1. 设计独特的logo引流。
2. 打造有文化底蕴的品牌名称作为导视引流。
3. 借助LED招牌24小时滚动播放宣传信息扩大引流。

开业时间造势引流

　　将菜市场的开业时间广而告之，也是一种有效的引流方式。开业时间通常要选择周末、节假日等时间。平时人们工作繁忙没有时间，周末、节假日人们休息时间相对集中，也会出来采购或进行休闲活动，这时候是引流的绝佳时机。

治生之道　不必外求

好礼相送造势引流

新开张的菜市场，要在消费者面前充分展示出促销活动和方案，如在线上自媒体渠道或在线下以海报的形式宣传"转发朋友圈有好礼相送""集赞数量达到一定值时可以免费领取小礼品"等，这些都是菜市场前期促销造势引流的有效方法。

营销方式多样化引流

在菜市场开业前期，还可以借助多样化营销方式进行扩大引流。

比如用户注册会员、会员卡充值享受让利，会员积分兑换菜，买菜支持多样性付款，如银联、支付宝、微信、会员卡等。此外，新开业的菜市场还可以增加菜品食品展示区、体验区，让前来的潜在顾客更好地感受到菜品的新鲜程度和健康无忧消费。还可以专门开辟教学区，教居民如何辨别菜品的好坏，如何挑选各种食材等。

在这里，居民获让利、享便利、有看头、能体验、能学习，自然会在自己的亲朋好友中为菜市场做"口口相传"的免费宣传。在多渠道、多频次、多形式传播的作用下，菜市场在前期能够聚集意想不到的流量。

乐业集团创始人和总经理在考察招商

VIII
FU 附
LU 录

乐业管理：
与时代前行，放眼世界

乐业集团创办菜市场的目标，就是要精心打造世界一流的菜市场，让我国菜市场行业与世界接轨。而这一切都需要通过卓越的系统管理、宏观的国际市场信息沟通交流以及时时掌握国内外行业趋势来实现。

王雅奇：
只有专业化运营，菜市场才有前景

王雅奇：天津人，生于1989年3月，乐业集团董事长，天津市河西区第十五届政协委员，全面负责乐业集团的日常运转。作为新时代的菜市场管理者，她用感性和理性复合型的模式进行管理，把市场做到既有宏观的专业规划，又能成为百姓乐见烟火气的新时代商业典范。

从教育行业转战菜市场

2008年我从新加坡回国，最初是在一家民营企业做财务工作，2010年9月我非常荣幸地成了一名人民教师。后随着自家企业的不断发展，已经做了七年教师的我，决定辞职进入企业。

进入企业后，我先从一名基层财务人员做起，了解企业的基本情况，再到后来我开始做董事长助理，逐渐接触企业具体业务。2018年，我正式接过这个接力棒，全面负责企业的日常运营与管理。

菜市场也是一部百科全书

很多人对菜市场行业都有认知误区，菜市场还能是个行业？这个行业能有啥难度？这个行业是不是慢慢会被超市取代了……

首先，可以肯定地讲，无论是在过去、现在还是将来，菜市场都不会被诸如超市、电商生鲜平台所取代。菜市场虽不比商超品类齐全，但消费者对日常所需食材的新鲜度、便宜的价位以及在家门口购买的便捷性是其他商业卖场所不及的。因此，菜市场独有的商业模式是没有替代性的。

菜市场满足的不仅仅是消费者的购物需求，还有他们的社交需求。我们经常能看到很多描述菜市场的话语。作家汪曾祺曾写道："到了一个新地方，有人爱逛百货公司，有人爱逛书店，我宁可去逛逛菜市场。"作家古龙也曾感慨："一个人如果走投无路，心一窄想寻短见，就放他去菜市场。"导演陈晓卿说："一切不逛菜市场的城市旅游，就等同于不以结婚为目的的恋爱。"人间烟火气，最抚凡人心。即便是不同国家有着不同的文化背景，但唯有菜市场这样的买卖地方，需求是共通的。

其次，这个行业的运营也存在一定难度。很多没有实际接触过菜市场行业的人，都会认为这是个没啥难度的行业。其实不然，世界上最难处理的关系就是人与人之间的关系，要做好这个行业，除了有规划设计、建筑、美学、财务等方面的知识储备外，还必须得有过硬的沟通和管理能力。菜市场就是一个社会的缩影，需要以最快的速度、最恰当的方式处理各种关系，以及各类突发情况。

菜市场建设规划有门道

早在1963年，美国加利福尼亚大学经济学者戴维·哈夫（D.L.Huff）教授就提出了关于预测城市区域内商圈规模的模型——哈夫概率模型，认为消费者前往某一商业设施

发生消费的概率，取决于该商业设施的营业面积、规模实力和时间三个主要要素，这同样适用于菜市场的选址及规划布局。乐业集团旗下的菜市场多处选址建在城区，交通便利，辐射人口众多，市场面积最低也要在4000平方米以上，市场品类设置丰富，因为只有这样才能形成汇聚效应，才能对消费者产生吸引力，因为一个市场成功与否，消费者才是最终的裁判员。所以，菜市场在选址的时候一定要综合考虑这些因素，不要不加分析地有地就建，一定要按需而建。

选址之后就是规划设计阶段。前面我们提到，一定要以文化习惯、消费者需求为出发点，科学规划品类布局，因为品类的布局，在一定程度上会影响市场整体设计——经营户进场后，对应的品类分区要有相应的基础设施做支撑。

近年来比较流行的"一站式"服务，讲的就是要以文化和生活习惯为依托，比如在国外的菜市场，面包和咖啡售卖都要占有相当的比例，但我国的菜市场就不会这样，让市场"大而全"，但还不能让"菜市场"走样。

目前国内菜市场的基本品类设置大体分为以下几类：新鲜果蔬、水产海鲜、大肉、牛羊肉、鸡系列、豆制品、特色小吃、饮料酒水、土产百货、预制食品、其他（布匹、服装、加工整修、开锁、配钥匙）。这些品类在菜市场都需要备齐，而且只有保证物美价廉，菜市场才能有较好的活力和竞争力。

要重视美观塑造。随着国民生活水平的不断提高，消费者对购物环境的追求也越发凸显。以乐业集团的菜市场为例，从21世纪初的"退路进厅"，到后来的标准化菜市场改造、再到后来的文创型菜市场的布局，以及现如今智慧菜市场的提升。每一个阶段的变化都是为了与市场变化和消费者需求保持一致，消费者除了基本的购物需求还要得到交流情感层面的满足。所以在建设菜市场的时候，也要注意设计创意和美观细节的塑造，一定要让菜市场自身有文化、有趣味，把浓郁的当地文化色彩融入市场的软硬件环境中，这样消费者与市场之间就会形成另外一个层面的黏性。

要确保实用性和便利性。菜市场最大的价值就是实用性需求，同样要以消费者的需求和周边环境为基础，配备相应的基础设施以确保经营户和消费者的便利性，漂亮固然重要，但实用性必须得到首要保证，比如水产区配置"泥鳅背"式的地面，水到地面会自然引流，防淤防堵。除边铺外，为实现客流有效分流和确保安全，设置无棱角式"岛台"式商铺，出入口数量的设置与市场面积及客流量匹配，通道进出口尺寸的设置也必须同时兼顾安全和经营户的售卖实际需求……

面对面实地了解市场商户销售情况

菜市场经营也要有"长期主义"

做菜市场这个行业是有使命的。说句感性点的话，除了标准、规章制度这些条条框框以外，还要始终抱有情怀，在运营管理中付出自己的感情。菜市场运营者必须能够承担许多责任，并且能够保持思路清晰，依照最优顺序安排处理各类事件。

对于一个民营菜市场企业来说，长效管理就意味着要十分恰当地分别处理好与经营户的关系、与消费者的关系、与员工的关系以及外部的公共关系。

首先是与经营户的关系。市场管理方与经营户之间的关系是双重的，对于我们这种经营模式来说，是服务与被服务的关系，但从另外一个层面来说也有管理与被管理的关系，关键就是方式方法。坦白讲，菜市场里的经营户水平参差不齐，有自产自销式的经营户，也有成规模知名连锁品牌的商户，他们的需求五花八门，说直接点就是没有止境。我们固然需要满足他们的需求，但也要进行仔细辨别，市场管理人员必须具备灵活处理各类关系、对接各类人群的方式方法，在恰当的时机、以最快的速度，用最合适的语气和态度来处理不同事项。

在这里必须要提到的一点，就是为了保障市场的良性运转，在引进经营户时，除了保证品类的合理匹配外，还要注意选商，一个市场的火爆程度是需要经营户之间相互借力的，不同品类、同一品类的经营户，同样需要筛选，而且要让经营户之间形成

从善如登　从恶如崩

良性的竞争状态，并让经营户获得应有的利润，良好的关系一定是互相借力，而不是互相消耗。

其次是与消费者的关系。一个菜市场成功与否，归根到底还是消费者。无论是基础设施的配置、经营户的布局与筛选，日常的管控与营销等，都要把消费者的需求放在首位，只有"购销两旺"才是王道。为此，作为市场管理方的我们必须要"日思夜想"，想着怎么能吸引顾客，那么果蔬的新鲜、价格便宜、购物环境等，这些前面提到的元素，就是我们思考问题、解决问题的出发点。

再次是与员工的关系。菜市场的管理人员，除了对一些专业知识的储备外，还要时刻保持清晰的头脑。或许不需要有多高的学历，但一定要懂生活、懂人性。菜市场是社会的缩影，管理事项琐碎、突发情况众多，必须有思路清晰和相对恰当的方式来处理各项工作。当然，团队需要建设，也需要培训，最好的培训方式就是实践，要用制度和情感双重手段，以规避杜绝违规行为，防止违法事件发生。

最后是外部公共关系的维护。无论是政府职能部门、兄弟企业、周边相邻单位，都必须要用心经营彼此的关系。

我对行业认知是随着我职业生涯的不断深入而逐渐加深的。"没有解决不了的事儿，没有过不去的坎儿"，是各行各业的人都必须抱有的信念。2019年海门路市场拆迁，是我职业生涯里遇到的比较有代表性的一件事，当年我也刚刚迈入而立之年，但为响应政府要求，我必须要把这件事做得尽量完美并落到实地，因为那里曾经饱含着我的父亲、我的前辈、我的同事的艰辛与喜悦，同样也有我自己多年辛苦经营的感受，建要建得漂亮，拆也要拆得从容。在接到通知后，我们积极响应政府决策，所有工作都在团队的协同与积极配合下有条不紊地展开。

天底下没有好做的生意，站在客观角度来讲，菜市场生意挑战与机遇并存，对于菜市场经营者来说任重道远，我们也知道在不断前行的路上，还需要时不时地停下脚步，好好思考一下接下来前行的方向。

借用父亲的一位挚友写给父亲的一句话："苹果在西方文化中，是极富象征寓意的，从伊甸园的苹果，到牛顿的苹果，再到科学家图灵的苹果，再到乔布斯今天的苹果，'4个苹果'其实是一条思考线。"我们同样需要思考，随势而变地去思考，努力把中国天津乐业集团菜市场的这个大"苹果"经营好。

举办"西红柿"试吃大会，获取市场最直观的一线信息

有效放权，让一线团队与市场共成长

乐业集团在管理方面还有一个与众不同之处，就是敢于放权。

只有用放权的方式去管理，管理才能越管越轻松，员工才能更有干劲，才能让一线团队与市场共成长。

乐业集团鼓励每一位员工在自己的岗位上对工作进行不断摸索和创新，并鼓励员工大胆试错。在乐业集团看来，员工与经营户、顾客走得越近，就越了解经营户和顾客。只要员工用心干，就可以大胆去尝试，从而获得更快的成长，进而推动整个菜市场的快速发展。

君子周而不比　小人比而不周

167

　　赵月霞是乐业集团新立菜市场的经理，也是目前唯一一位女性一线管理人员。她之前在一家商场做售后工作时，机缘巧合，因为一个产品的退换货问题与其相遇，当时由她负责售后处理，她在处理售后问题时很有亲和力，并能站在客户的角度处理问题。当时乐业集团正值用人之际，便向她投去了橄榄枝。赵经理出于好奇，在路过乐业集团菜市场的时候，俨然被乐业集团菜市场的与众不同亲和力和蓬勃朝气所吸引。后来她欣然加入了乐业集团，成为一位非常称职的市场经理，并带出了一支女性菜市场管理团队。

　　赵经理坦言：

　　在没来乐业集团之前，我认为做管理只要做好自己的本职工作就好，但真正工作后才发现，在菜市场工作中会遇到很多矛盾需要处理，也正是这样，才使我在日后的工作中不断提升自己的应变能力。在乐业集团，最大的特点就是领导敢于放权，让我们这样的一线管理人员在摸索中不断提升自己的管理能力，寻找有效处理市场与商户之间矛盾的方法。

　　经过一段时间磨合以后，我们和经营户建立了较好的关系。虽然有的商户之前对于我们的正常管理有一些抵触，甚至有的商户看到我们是一帮女性管理员，便以各种方式来打压我们，但我们有理有节，把握分寸，最终他们还是看到了我们的管理原则和诚意，成为不打不相识的朋友。

　　菜市场管理工作杂事太多，女性管理员心细如发，能把各项事情处理得比较周到，把众人眼里的弱势转化成优势，通过一段时间的工作磨合，很多经营户彼此都成了朋友。有些经营户有事都会和我们商量，甚至有些经营户的家事还让我们给出主意。由此，我们得出一个结论，作为管理人员，只要真心为市场发展，为经营户的利益着想，商户最终都能够理解与支持。

　　作为新立菜市场的女性管理员，她们在工作中进行不断的探索和尝试，在与经营户多方面磨合之后形成了一种良好的管理局面，由最初无从下手的烦恼焦虑到现在的得心应手，不得不说她们已经成为乐业集团管理团队一道亮丽的风景线。

以考核为导向，发挥"指挥棒"作用

　　好的菜市场，不仅要懂得如何管人，还需要懂得充分发挥长效管理绩效考核的机制。

乐业集团从管理员到经理，都有完善的考核制度，绩效考核严格执行。还专门设置激励资金，对优秀者进行奖励，对不合格者进行相应的惩罚。

另外，通过绩效考核，公开竞聘，择优录用，优秀的人才可以在层层遴选之后，成功获得职位晋升的机会。

此外，乐业集团除了对员工的日常工作进行考核之外，还经常对员工进行相关培训，并加以考核。

比如管理知识培训、员工手册培训、"乐业集团八理"等企业文化培训、企业发展方向培训等，给员工以鼓励，让员工更有干劲、内心充满希望。同时，培训里还包括一些消防演练、疫情防控培训等，并对员工掌握的消防安全知识和自救技能、疫情防控知识和技能进行考核。

乐业集团将员工所有的考试成绩纳入个人的成绩考核当中，以确保培、教、学效果不流于形式。

乐业集团董事长参加博鳌国际峰会

不患无位　患所以立

乐业集团菜市场绩效考核内容

序号	考核项目	说明
一	办公秩序管理	1. 严格遵守公司《考勤制度》各项规定。
		2. 着装及配饰要求。 2.1. 市场管理人员着装要求： 服装穿戴整齐，不得披衣、敞怀、卷裤腿。 每年3—5月，上装：夏季迷彩，下装：夏季迷彩，鞋：作训鞋； 每年5—10月，上装：体能服，下装：夏季迷彩，鞋：作训鞋； 每年12月—次年3月，上装：冬季迷彩、军大衣，下装：冬季迷彩，鞋：军用防寒鞋。 2.2. 市场管理人员配饰佩戴要求： 上衣左上方衣袋处佩戴橘色白菜标胸牌、绿色禁烟牌，左上臂佩戴橘色袖标及对讲机。 2.3. 保洁员订制马甲及反光背心。
		3. 市场管理人员上岗要求。 3.1. 仪容仪表得体，站立时不得倚靠岛台、墙壁、行进步伐正直。 3.2. 每日早8:00准时晨会，背诵乐业集团八理，重点政策宣讲，总结前日工作，部署当日工作。 3.3. 每日9:30—17:30，每小时巡场1次，全日8次，管理人员参照本管理办法标准，负责辖区范围管理工作。 3.4. 营业期间内市场管辖范围内无空岗，无特殊情况（会议等）必须全天候有人巡场。
二	租赁管理	1. 提前60天将预到期商户逐级上报市场，确定下期收费政策。
		2. 按时、足额完成市场收费工作，无拖期、欠费，确有特殊情况，需逐级上报审批。
		3. 租赁合同，收费票据等内容准确无误，以商铺为单位，逐年分类存档。
		4. 市场基础台账及收费信息准确无误，更新及时。
三	市场物资管理	1. 市场内各项物资台账清晰准确、无丢失，每月25日分管区域管理员根据物资台账进行盘点，上报库管员，如数量、位置有变，同步更新台账信息。
		2. 已出库保洁用品，按照谁领用谁负责的原则，随身携带、统一规范摆放，不得随意散落。
		3. 出入库登记表填写准确、更新及时。
		4. 库房内物资按品类分层、分区、分类摆放整齐。
		5. 库房卫生干净整洁（含地面、货架、墙面）。库房内设置防鼠、防虫蝇、防潮、防火、防盗等设置，保持库内无虫、无蜘蛛网、顶不漏、地不潮、无安全隐患。
		6. 各类物料不得有大量库存积压，满足本市场1个月用量即可。
		7. 各类低值易耗废旧物资，可自行处置的，3日内自行处置完毕。
		8. 非可自行处理废旧物资，由采购部统一处理。

续表

序号	考核项目	说明
		9. 市场所有钥匙、遥控器需由指定负责人统一保管，建立台账，借用记录登记表清晰准确。
		10. 市场内各类物资出现损坏，相关责任人需第一时间应急处理，并在发现问题2小时内完成报修流程，如无特殊情况，接到派单后，工程维修人员需在1个工日内完成维修工作。
四	安全管理	1. 每日至少2次安全巡查，安全巡查台账填写完整、规范。
		2. 每季度，组织全体管理人员及商户开展消防培训。
		3. 市场内基础电路、电线及照明无私拉乱接，内外墙面无明线尾线裸露，各类备用线整齐规范。
		4. 各类消防设施配备合规，干净卫生，完好可正常使用，无杂物堆积，无圈占，电房、消控室、消防通道等畅通无占用，安全指示标识配置清晰、规范。
		5. 市场内无电动车、电瓶充电。
		6. 市场内无明火，无吸烟。
		7. 水产区供氧用氧气瓶不得超过3个/户的标准，且需于指定位置固定摆放。
		8. 严格落实索证索票监管制度要求，确保市场内售卖商位处证照齐全，无假冒伪劣产品、无食品安全隐患。
		9. 市场实施全天候24小时立体管理，发现问题当值人员第一时间应急处理，并向市场安全第一责任人上报，工程部每月定期对各市场进行安全巡查，发现问题及时处理。
		10. 市场内卫生秩序管理、消防管理、商户管理制度、台账信息等各类制度建设齐全、更新及时，分类存档。
五	经营区域卫生秩序管理	1. 市场出入口及通道、公共区域卫生、秩序的管理。 1.1. 各出入口及通道、公共区域，卫生干净、无垃圾、无污渍，垃圾及杂物滞留时间不得超过40分钟，市场出入口外侧积水、积雪需用市场配置专业设备第一时间清理，不影响正常出入。 1.2. 每月15日清理各出入口卷帘门卫生，无肉眼可见明显污渍。 1.3. 各出入口及通道、公共区域无杂物堆积、无车辆摆放，无商品售卖等行为阻碍出行。 1.4. 出入口及公共区域墙壁，无乱贴乱挂、乱写乱画。 1.5. 每年9月统一清理市场门头，确保外观干净，无灰尘堆积，招牌标识等无损坏可正常使用。 1.6. 垃圾桶需在指定位置摆放整齐并加盖，内置垃圾袋，定期清理消毒，无垃圾外溢，桶身见本色。 1.7. 市场内及各摊位设置的公共宣传栏，按规定粘贴在统一位置，宣传资料由公司企划部统一规定下发，不得随意粘贴不相关宣传内容。 1.8. 市场出入口设定自行车停车位，自行车需整齐有序摆放至停车位内。 1.9. 各类公共摆件及设备设施，除高空悬挂的公共摆件，每年10月前集中清理1次外，其余均视具体摆放位置及工艺设计，按日、周、季度的频次定期清理，确保卫生干净，无肉眼可见污渍。 1.10. 各类公共摆件及设备设施上无乱贴乱挂、乱写乱画，无杂物堆积。

见贤思齐　见不贤而内自省也

续表

序号	考核项目	说明
		2. 商铺卫生、秩序的管理。
		2.1. 岛台台帽四周（含牌匾，公共摆件）每年10月前集中清理一次，外表干净无污渍，无尘土堆积。
		2.2. 岛台台帽顶部、内侧不得有杂物苫盖、堆积，如因遮阳需求确需加盖的，由工程部统筹安排。
		2.3. 岛台台面商品摆放整齐，不得超过岛台台面外边框，不超高，不得有与商品售卖无关的杂物堆积。
		2.4. 岛台外立面每月10日集中清理一次，干净无污渍，无乱贴乱画，不得有商品、杂物摆放，商户的洒扫用具需在外立面指定位置统一摆放。
		2.5. 台柱及宣传栏干净无污渍，除营业执照等证件日常张贴外，不得有杂物堆积悬挂，乱写乱贴。
		2.6. 商铺门头、宣传栏（含牌匾、公共摆件）每年10月前集中清理一次，外表干净无污渍，无尘土堆积，无杂物堆积悬挂。
		2.7. 商铺橱窗、卷帘门干净无污渍，橱窗卫生每日巡查发现问题立即督导整改。
		2.8. 各摊位收款码摆放至固定位置，岛台整齐安于台帽四角，商铺整齐安装于宣传栏下边缘。
		2.9. 商品用的包装袋按品类及商铺性质及商户售卖习惯，分类统一悬挂位置。
		2.10. 三防、三白：熟食品类及入口品类设置防尘、防蝇、防鼠设施，从业人员需配备服装、帽子、口罩等配套设施，以确保食品安全。
		2.11. 商户不得于摊位私自加装扩充板。
		2.12. 空闲摊位不得有纸箱等杂物堆放、占用，商户遗留物品（含在租商户临时占用情况）需第一时间清走，如超过3天内未清理，视为遗弃。空闲摊位在3日内清理完毕，岛台用苫布统一苫盖，商铺上锁。
		3. 市场内排水口（含线性水沟）无杂物堆积，无污水外溢，无堵塞，每季度清洗1次污水井管道（可视市场年限、经营品类、季节灵活调整）。
		4. 市场内通风正常，无特殊刺鼻异味。
六	照明公共设备设施管理	1. 市场共配备射灯、照明灯、装饰灯等照明设备，照明开关时间如下。
		1.1. 每年5—10月：开启时间：18:30，关闭时间：21:00。
		1.2. 每年11月—次年4月：开启时间：17:00，关闭时间：21:30。
		1.3. 如遇阴雨天气市场内光线较暗，或客流过多、过少等特殊情况，相关责任人需视情况调整开、关时间。
		2. 出入口卷帘门，每日3:30开启，21:00关闭，预留1～2个出入口供商户撤场需要至21:30关闭，其余视市场客流灵活把握。
		3. 电视显示屏、公平秤、农残检测屏，每日8:00开启，18:00关闭，须正常显示，不得有乱码、无内容等情况。
		4. 每年6—8月开启市场内空调，每日8:00开启，18:00关闭。
七	公共卫生间管理	1. 厕所内按时消毒、无异味。
		2. 便池及水箱干净、无堵塞、无损坏。
		3. 垃圾桶清理及时，每天两次清倒商户垃圾。
		4. 洗手台表面及外立面干净无污渍、无杂物堆积，水龙头干净无损坏，出水正常，洗手盆干净无污渍，无杂物堆积。
		5. 地面干燥无便渍，不打滑，干净无垃圾。
		6. 天花板及灯具干净无污渍，无损坏。
		7. 门窗干净无污渍，门窗锁完好无损。
		8. 厕所标识牌干净无污渍，无损坏。
		9. 内外墙面：内外墙无便渍，无乱涂乱画，无损坏。

续表

序号	考核项目	说明
八	保洁休息室管理标准化	1. 保洁室内更衣柜、桌椅、电器用品等物品摆放整齐有序。
		2. 墙面、地面及各类物品卫生干净、整洁。
		3. 柜顶、桌面、墙面、桌底、冰箱顶部、地面等，不得堆积杂物、随意张贴。
		4. 服装、毛巾等统一规范摆放至指定位置。
		5. 各类电器用品规范使用，下班时需及时切断电源（电热壶、电扇等）。
九	办公区域环境管理	1. 楼梯及扶手干净整洁，无垃圾、无杂物堆放。
		2. 办公区卫生整洁，无污渍、无乱贴乱画（含地面、墙面、顶部）。
		3. 办公桌物品摆放规整，非办公必要物品不得出现在桌面上。
		4. 会议区桌椅等物品摆放整齐，卫生干净，无尘土堆积、无明显垃圾。
		5. 更衣柜外表及顶部卫生干净、内部物品摆放整齐，无杂物堆积。
		6. 玻璃窗卫生：玻璃及边框干净无污渍，无乱写乱画、乱贴乱挂，玻璃窗每年9月清理1次（高空，专业团队），非高空，每季度末月15日清理1次。
		7. 私人物品摆放：工作人员衣服、背包等私人物品，全部放置个人储物柜，不得随意摆放在办公区内（含角落）。
		8. 禁止私人物品存放至市场内任何地方。
		9. 除监控设备外，其余电器需在下班时切断电源。
十	职工宿舍管理	1. 职工宿舍，卫生干净整洁、无异味。
		2. 职工宿舍各类物品、设施摆放整齐、无损坏，无杂物堆放。
		3. 职工宿舍内各类电器正确开、关，规避安全隐患。
十一	职工餐厅管理	1. 厨房卫生干净整洁（无异味）、无乱贴乱画（含地面、墙面、柜台面）。
		2. 厨房内各类物品分类摆放、整齐有序，除微波炉、灶具（含锅）、暖瓶、热水壶等电器类用品外，其余物品均需分类摆放至储物柜内。
		3. 各类厨房用品干净整洁、清洗及时。
		4. 洗碗台及厨余垃圾垃圾清理及时、管道无堵塞。
		5. 电磁炉、微波炉等正确开、关，规避安全隐患。
十二	停车场管理	1. 停车场卫生，无肉眼可见垃圾，无杂物堆积（检查周期为40分钟）。
		2. 停车场收费无差错。
		3. 停车场内各类设备设施、指示标识清晰无损坏、无丢失，如人为原因需照价赔偿。
		4. 客流高峰时段，停车场内车辆疏散有序，无堵塞。
		5. 停车场内车辆停放有序，非机动车不得随意摆放。
十三	管理红线	1. 以职务之便自谋私利、贪污受贿、向商户索要财物、私自对外出租借用空闲商铺及摊位、售水电过程中弄虚作假，一经发现，立即开除，并移送司法机关。
		2. 偷盗公司及商户的任何财、物等监守自盗行为，一经发现，立即开除，并移送司法机关。

敏而好学　不耻下问

IX 附录

FU LU

附录二

蓄力前行：
磨砺样板"智汇"资源

"宝剑锋从磨砺出"，菜市场经营的集团化、专业化、科学化、规范化是城市发展的需要，更是行业随着时代脚步前行的必然趋势。未来，菜市场要持续散发商业价值，就需要在洞察消费者需求的基础上，进行更为科学专业的投资。在多年摸索中总结经验，积累具有实操性、复制性及系统化的方式方法，并融入现代化科技，从而打造360度智慧型菜市场发展之路。

王亚特：
智慧化菜市场，拥抱使命未来

王亚特：天津人，生于1998年11月，悉尼科技大学（UTS）市场营销专业，新生代菜市场管理者，乐创置业掌门人，分管乐业集团线上事业部、招商部、企划部、市场部等工作，入行以来从基层一线人员到管理岗位，对菜市场的线上线下融合有一定的理解和认知。

做好菜市场是我的"特"大使命

以前我在国外留学，同学们问我家是做什么的，我告诉他们我家是卖菜的。听说是卖菜的，同学们多少带一点吃惊的眼光，他们想不到一个卖菜的家庭居然能送孩子出国读书，令人十分费解。在他们的表情中我还察觉到眼里带有一丝怜悯，觉得家里供我出

国读书一定不易，他们肯定没想到菜市场也能发展成为一个产业。其实，我开始没有对父亲从事的菜市场行业有特别的认知，直到海门路菜市场拆迁，我才真正开始对菜市场三个字有了明显的彻悟，其中我知道海门路菜市场拆与建都是父亲十多年的心血之作，后来，父亲不断跟我强调这么一句话，那就是"菜市场是民生工程，一头牵着百姓菜篮子，一头牵着农民钱袋子"，我知道这就是在我身上需要完成的"特"大使命。

从门岗干起，到一线菜市场经理

进入公司后，我的第一个岗位是门岗。起初并没有真正了解父亲的意图，觉得这项工作干起来枯燥无味，根本不是我应该干的工作。疫情防控期间帮助那些不会用手机的大妈、大爷扫码，做着做着，无形中对来菜市场消费者的各种诉求有了更加深入的了解。后来我又做了市场管理员和市场经理，通过那段时间的实战经验积累，为我后续开展线上商城做了很好的铺垫。

智慧转型之路，从"靠天吃饭"到"知天吃饭"

"乐乐菜市场"线上商城，有别于其他生鲜平台，它是将线下菜市场原汁原味地"搬到"了线上商城，这就是以乐业集团旗下的实体菜市场为依托，以旗下经营户作为运营的主体，线上线下实现同步，为经营户拓宽了销路，也为顾客提供了多重选择。

乐业集团线上菜市场商城也采用"O2O"模式与新零售接轨，顾客线上下单，乐业集团平台专人接单，拣货员到线下商户区按需拣货，再由第三方配送员送货上门。

在乐业菜市场线上商城创建之前，行业里已经有美团买菜、叮咚买菜、多多买菜等线上"前辈"在运营操作了，但乐业集团并没有效仿它们的足迹，"跟风烧钱"去做大量引流，而是根据自身特点，坚持自己的独创路线，将"新鲜、实惠、便利"作为竞争优势，先做稳，再做强。将线上作为线下渠道的补充，在扩充商户销售渠道的同时，还为商户补充年轻多元化的消费客群。

为了增加顾客黏性，给顾客带来更多惊喜，乐业集团还专门制定了积分兑奖，以此吸引更多的年轻客户流量。

则其善者而从之　其不善者而改之

传统农产品商贸流通是"靠天吃饭"，而智慧菜市场要实现的是"知天吃饭"。在传统菜市场经营模式下，经营者的经营状况和消费购物需求的满足，要受到地域、天气、物流等诸多客观因素的制约，市场管理方的运营数据获取方式也相对粗放，即所谓的"靠天吃饭"，但通过智慧化设备与大数据计算的赋能，让市场内的经营者与市场管理方及相关部门的经营与管理，均以精细的数据做支撑，这让消费者有了更广泛的选择，并满足了日益多样化的消费需求，真正实现了"知天吃饭"。

王亚特作为天津市青联委员会委员参加会议

细化经营，夯实线下市场发展根基

就其性质而言，对不同群体来说，菜市场是一个很多事物交织在一起的综合体。菜市场要同时满足市民的物质和精神需求——要营造出一个能覆盖售卖、购买、集会、分享、社交、学习以及丰富他们精神生活的场所，同时菜市场也要为个体，甚或是小企业提供负担得起的创业机会。我们作为市场管理方，在做整体规划的时候应该充分考虑这些期待，这也是一个市场是否能够成功的关键因素之一。

在运营环节中，当下的菜市场运营一定要灵活多样，品类丰富、多种用途与灵活的场地出租，使这个菜市场成为一个多功能的场所。

以新立菜市场为例，它的主体是一个半批发半零售的综合菜市场，是整个综合菜市场的核心，里面分布的是果蔬生鲜、海鲜水产、肉类、禽蛋、土产以及日用百货等多品类的长期固定租户。

在综合菜市场的前方，有一个容纳多品类、多用途的巨大潜力的商贸城，空间充裕、设计新颖，是一个开放的、灵活的半封闭空间，同样可以为各品类提供长期或是临时性的经营摊位。例如，我们在商贸城的外侧门面房分布的是一圈以早餐、小吃为主的经营户，这样的设置正好与该市场凌晨就开市的运营时间相匹配（因为是半批发，大部分商户都是凌晨就开始铺货），在商贸城内侧，分布的是岛台式售卖摊位，吸纳了一些早市商户，与综合菜市场的运营时间区别开来，从而满足不同时段客流的不同需求。

因市场规模较大且配套完善，我们在商贸城的东侧空闲地带建立了临时性的"市场中的市场"，按每周、每月或者每年的周期定期举办一些活动，包括夜市、跳蚤市场、古物文玩、花鸟鱼虫等集市。

市场内还有儿童游艺专区，公共停车场，在市场管理办公区开辟了党建活动专区，与天津大学马克思主义学院共建思想政治理论课实践教学基地，面向属地街道、企业及相关合作单位党组织，包括对广大群众开放。同时，我们也有计划应时、应季开办例如冰雪世界、年货市集等特色化项目……让市场成为一个多功能的弹性空间，即便在市场闭市时，这一区域仍然是一个活跃的空间。

实体市场是乐业集团的起点，智慧化市场是乐业集团菜市场的发展方向，我们既要"脚踏实地"做好线下市场，还要"仰望星空"做好智慧化转型，将线上商城与线下市场联动，以满足不同群体的需求，让市场交易格局和百姓心理上的双重需求得到满足，这就是我们这代菜市场人的使命与责任。

王亚特参加全国城市农贸中心联合会零售市场专业委员会在天津水晶宫举办的会议

线上商城战略，布局朝阳初升

2019年伊始，乐业集团便开始尝试自主研发线上商城，为此投入了大量的时间、物力、财力，也走了不少弯路，在实际工作磨合中积累了一定的经验。

2020年年初疫情暴发，正是线上商城发力的时候。年初，我从澳洲回国，承接了线上商城的开发运营工作，从开发设计需求的制定到与技术公司的对接，再到后期的宣传上线，全程参与其中。

2021年9月，一个以自有实体市场为依托的"原汁原味"的乐乐菜市场线上商城正式上线营业。

作为一个爱生活的人，逛菜市场是必不可少的。望海楼社区中山路菜市场货品新鲜且丰富，品种繁多，水果、蔬菜、肉蛋禽、海鲜、日用百货应有尽有。到菜市场去挑选购物，成了生活中必不可少的一部分，但是也有很多工作繁忙没有时间到菜市场的人，我们的新技术恰恰为这部分人提供了一个快速、便捷的购物方式——乐乐线上平台。

区别于其他生鲜平台，我们最大的不同是真正地把一个菜市场搬到了网上，消费者在浏览网页购物的时候，购买的还是同一个商家的商品，同样价格，但省去了舟车劳顿的麻烦，在家即可下单，最快40分钟就可以得到心仪的商品。

对比	线下菜市场	其他电商平台	乐乐线上平台
商家	商家多，涵盖全	一个品类一个商家	线下商户全部上线，可以选择在熟悉的商家购买
商品	商品品种多	仅销售常规商品	商户的商品全部上线，品类齐全
价格	价格实惠可以货比三家	提高商品本身价格，给予顾客优惠券	销售价格与商户线下经营价格相同
品质	品质有保障	第三方监管，追溯难	商户线上与线下销售绑定，市场管理方有绝对管控权
送达时间	需自行购买，停车难，排队时间久	第三方配送	基于市场周边的顾客购买，最快40分钟到达

望海楼社区中山路菜市场做到商品品类、商户数量、商品质量、商品价格、商品数量的"五个统一"，对商户提供线上售后保障，进行"先行赔付"，并且保证商品配送时效的"两个放心"，同时打造线下菜市场+线上平台+配送支持+履约保证的菜市场经营方式。进入平台用户可以获得与线下同样的购物体验，通过常购店铺、筛选店铺等功

能进行商品购买，不同于其他平台，我们以"市场—商户—商品"进行整体输出，对于我们的商户经营，保证其线上、线下的一致性。

从诸多方面来看，不难发现，乐业集团线上平台更具优势，将乐业集团线下菜市场搬到线上平台，实现了经营性质多元化的转化，并实现了市场蝶变。

疫情，历练线上商城的十八般武艺

由于疫情的原因，微山路与大直沽南路附近地区曾实行管控，同时位于地铁1号线附近的华山里、财经大学及双林站也临时关闭，买菜难、送货难、配送慢等问题的出现使得附近市民基本生活受到了影响。

乐业集团在疫情防控期间，积极发挥商贸流通企业的作用及民生担当，坚定不移地贯彻"保民生"的初心使命，跟随政府的部署，努力打造红色菜市场，推出"抗疫保供"新举措。乐乐菜市场线上小程序一律推行"平价销售、包邮到家"的优惠政策，以满足周边居民特别是管控区内居民的日常物资需求，这一举措受到了附近市民的一致好评，线上订单不断，在短短两天时间内就达到了2000单的成单量的记录。

疫情防控期间乐乐线上菜市场食材配送

居之无倦　行之以忠

乐业集团在加强疫情防控管理的同时，为了使更多市民享受到线上便捷优质服务及优惠政策，特别指派线上经理与社区居委会沟通协调，充分说明乐乐线上平台的优势，获得了附近社区的普遍肯定与支持。集团还组织专人设计海报在社区进行张贴宣传及充分利用社群资源，让更多市民通过不同渠道了解并选择乐乐线上平台，也让更多的人获得了良好的购物体验。乐业集团始终把"察民情、解民忧、惠民生、聚民心"作为民生工作的出发点和落脚点，不断完善线上服务，加大保供投入，为群众做好事、办实事、解难事。

由于线上出现"爆单"情况，乐业集团还将其他部门抽调过来，一起做好乐业集团三水道菜市场线上服务，以确保疫情下居民能够便捷、安全、健康地选购到新鲜食材。各部门分工明确，实行闭环管理，每个阶段都紧密衔接配合，接单、拣货、送货都有严格的把控，努力将细节工作做好。在售卖过程中及时收集市民的反馈意见，并对提升服务质量和完善工作内容提供了切实的依据。

在疫情防控期间，乐乐线上菜市场小程序的"非接触式买菜"运营模式大显身手，让消费者充分感受到在特殊时期下单购物的便捷性，这不仅让消费者足不出户就能够买到品种齐全的新鲜食材，而且还能享受上门送货的温馨服务。

智慧软硬件，让菜市场更聪明

乐业集团旗下的河西区三水道菜市场就是智慧菜市场的典范。在河西区三水道菜市场的数据大屏，其功能基本上满足了借助云计算、大数据等现代互联网技术对菜市场升级改造后的技术支持，其功能分为六大类，即菜市场最受欢迎的菜品、菜市场最受欢迎的肉品、菜市场最受欢迎水果、菜市场农药残留监测公示、菜市场销售份额占比、菜市场综合评测指标。具体到细分商户数量、终端数量、本月累计销售额、本日销售额、本月交易数及本日交易数等数据，无论菜市场管理方，还是消费方通过智慧商贸数据大屏一目了然，在一个个商家成交的即时数据滚动播出的背后，就能生动清晰地看到消费者购买农副产品的习惯与焦点。

该市场以自主研发的电子智能秤及线上商城为依托，以大数据计算为核心，通过数据收集、计算、分析和处理，将农副产品交易信息从纸上的数字，活化为农户、商户、顾客交易的历史依据，大数据时代的菜市场强化商品溯源，以确保食品安全，同时通过

大数据作为支撑，以提高市场运营管理精准度。

在智慧软硬件的结合下，菜市场已经不再是一个单纯的菜市场，而是被赋予了更多智慧，在提升消费者购物体验的同时，也为商户带来了多元化的便捷销售方式，使得菜市场不断焕发新面貌。

乐业集团总经理亲临市场布置工作

菜市场品牌化

目前，绝大多数菜市场并没有注意到品牌对自身的重要性。品牌对于菜市场来讲是一种无形资产。打出品牌的菜市场，能够在其他菜市场竞争对手中脱颖而出，在消费者心中树立起良好形象，这样做不仅能增强消费者的好感度，而且还能吸引更多的客流量。

那么菜市场应当如何为自身塑造良好的品牌形象呢？

1. 品牌策划

塑造一个优秀品牌，首先要做好前期准备工作。应当全面了解自己、了解竞争对手，了解市场，做到知己知彼。之后再根据自身市场定位、发展方向、优劣势等方面进行自我评估。在品牌策划中，要站在消费者角度去思考，尽量发扬自身优势，弥补劣势。

2. 品牌设计

要想塑造良好品牌，还需要进行品牌设计，包括菜市场的品牌名称、品牌logo、品牌符号、品牌色彩、品牌标语、品牌价值等。

其中，品牌名称、品牌logo、品牌符号、品牌色彩、品牌标语是一种视觉传播路径。所谓"品牌价值"，通俗来讲，就是让大家记住品牌、选择品牌，让品牌传播得更持久。品牌价值则是从品牌内涵出发，为菜市场塑造品牌灵魂，从而形成品牌价值。可以从讲好菜市场发展故事、搭建特色制度与标准、规范的流程、创建有高辨识度的统一（非绝对统一）市场对外形象、提升服务品质这几个方面来实现。"金杯银杯都不如老百姓的口碑"，只有用心经营、不断提升服务品质，才能使菜市场与消费者关系和谐，才能提升菜市场的美誉度。

3. 品牌宣传

"酒香也怕巷子深"，宣传对于一个品牌的走向至关重要，要把自身的形象、经营理念和管理内核精准对外宣传，让更多的人认识并熟知菜市场品牌。

因地制宜复制样板

菜市场规模化发展的另一条路径就是因地制宜对样板菜市场进行复制。

菜市场在发展的过程中有了量的积累之后，接下来就是对成功经验和模式的复制。这种复制不是照搬照抄，而是有的放矢、因地制宜的复制。

以乐业集团目前的这几家市场为例，每个市场都是一个相对独立的存在，每个市场的客观条件都是不同的，所以从规划设计到招商布局，再到运营管理，都必须遵循各自的实际，但是企业可以规定大方向、大原则和标准流程，有了统一的规范标准流程，再与实际情况相结合，就有了每个市场的管理章法。发挥榜样的力量，通过快速复制，可以让整个公司快速壮大起来。

乐业集团总经理王亚特担纲的乐创置业中国（天津）乐乐菜市场——滨海古林店项目效果图

X 附录
FU LU

附录三

初入江湖：
不打无准备之战

"工欲善其事必先利其器"，"胸有成竹华彩一片"。从古至今，先贤前辈便将万事开头的准备工作视为重中之重。菜市场行业看似是一个容易经营的行业，实则不然。希望在菜市场的江湖中站稳脚跟，迎来未来的风生水起，就要打有准备之仗，充分做好入行准备，这样才能提升成功概率。

刘彬：
让精细化考核伴行业前行

刘彬：河北省人，生于1990年6月，从基本的总助工作初入菜市场行业，逐步熟悉各环节运作流程，通过新项目对接、沟通艺术、工作环节流程控制等，逐步累积经验，从而获取心得。

君子和而不同 小人同而不和

　　2021年，我曾被一位领导问过这样一个问题："你来乐业集团之后，给你印象最深刻的一件事是什么？"当时我的回答就是："做菜市场的绩效考核方案。"这位领导转头就跟随行的人员说："看看，人家干菜市场的都有绩效考核。"

　　没错，做菜市场也要绩效考核，甚至从创办菜市场之初，便要求经营者将这一"考核思维"融入整个行业运作，可以说成熟、系统、有效的考核方案保障了后续各项工作的准确落实。

　　这样的考核必须是有别于其他行业的绩效考核，要做到更精细化、特色化的考核，无论是被考核人的工作流程，还是被考核人的行为举止，各个细节都要考虑到。

　　大道至简，从菜市场的行业本质出发，它是最接近生活的一种商业形态，抛开企业管理范畴的考量，同样要以生活常识的视角来看待市场的考核，要确保"三个便利"，即便利商户经营、便利消费者购物、便利管理方的日常管理。其实，这样的标准，完全可以作为市场创办的考核原则。

　　把握住这个原则，一个菜市场的考核方案就有贯彻下去的基础。一个菜市场应该是一个舒适的、非正式的场所，有别于商场，甚至有别于生鲜超市，它给经营者提供足够的空间和配套设施经营，它是消费者想去就能去而不是特殊情况下才选择的去处，管理者也不必被过分死板的条条框框而束缚，此方面"考核思维"又对菜市场设计带来了导引作用。

　　由此可见，用知识对菜市场的选址、品类、方向、设计、管理等因素进行全方位考核的重要性。

　　随着菜市场的诞生和运营，菜市场的监督考核部门，职责是与市场管理部门一同负责指导市场开发与运营，而不是陷入菜市场日常管理的困境之中。环境整洁、食品安全是一个菜市场日常运营的基本线，也是菜市场考核方案必不可少的内容，但想要实现上述"三个便利"，除了常识也得有知识。心理学知识——让考核者对不同信息源的信息有足够的分析和辨别能力，也能站在不同的角色角度考量对方的思维模式，以随机应变。管理学知识——虽然制度不是万能，但菜市场的运营模式决定它必须要有一套严密的制度和流程体系来把控方向，尽可能地避免漏洞和管理盲区；人力资源知识——制度流程也好、考核方案也罢，终归是要靠人来落地，特别是连锁品牌菜市场，项目分散，每个市场都是一个独立运营者，也是第一线的管理团队，所以团队建设是关键，要保持思想一致、理念相同、反应迅速、确保制度不走样……

　　《易经》讲"渐雷震，君子以恐惧修省"。要时刻怀有警惕忧患之心反躬自省，运营菜市场也是同样的道理，要时时总结，不断反省不足，而后再调整自己的行动步调，当方则方，当圆则圆，张弛有度，以敬畏之心开展菜市场绩效考核工作，致敬我热爱的菜市场！

时然后言　乐然后笑　义然后取

行业知识储备

入一行，爱一行、懂一行。菜市场看似是一个普通接地气的行业，却蕴含着很多知识和学问。在从事菜市场行业工作之前，首先要有一定的行业知识储备，并学习跟菜市场相关的理论，这是一个新手必做的工作。

菜市场运营流程

每个行业都有其运作规律和运作流程，我们要根据菜市场多年运营的经验，将其总结成一张相对完善的运营流程图。

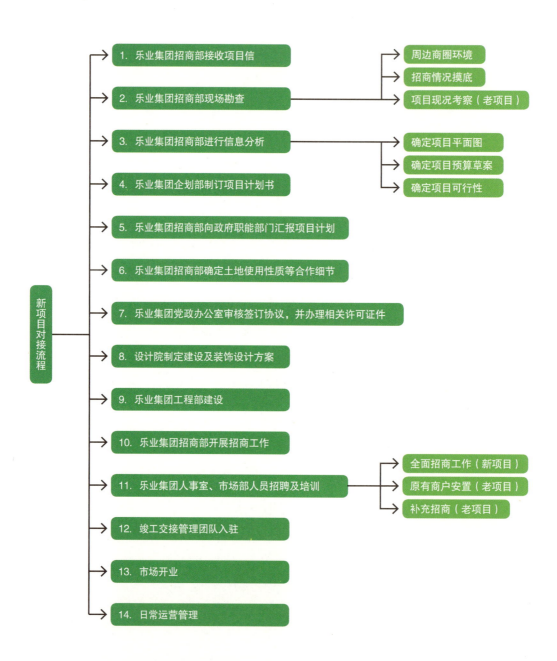

菜市场管理心理学

经营菜市场，看似简单，却蕴含着心理学上的深层意义。

一方面，商户是菜市场经营的主导者，商户在经营的过程中，更加关心的是自身的利益问题，如摊台是否有足够的空间来存储货物，通道上货时是否便捷和流畅等，这些都将直接影响他们的工作时间和效益。因此，菜市场摊位格局应当以商户需求为先，围绕商户心理和实际需求进行布置。

另一方面，掌握消费者心理，也就掌握了流量密码。消费者购物除了对价格敏感之外，还十分注重时间上的节约，这是因为消费者平时生活节奏较快，可自由支配的时间越来越少，大多数人不愿意将自己的休闲时间大把地用在购物买菜上，今天的消费者往往更加注重感性消费，他们在物质需求满足时，注重的是购物过程中轻松、愉悦、和谐等心理的满足，所以围绕消费者心理需求进行菜市场业态定位，更具科学性、合理性和可行性。

足见，心理学知识对于入行菜市场的新手来讲，意义可谓重大。

运筹帷幄精细规划

创建一个菜市场，并不是随心而为，随意而行。把控不好预算，就可能造成资金的浪费。菜市场项目预算对系统性、准确性的要求相当高。开办菜市场，要想有序进行，前提条件就是要用重组的资金做后盾，如果资金准备不到位，就可能让你刚刚起步的事业因为资金问题而瞬间"拉胯"。新手在入行之前，应当充分了解筹建资金具体应当做好哪些方面的准备。

启动资金准备

做任何项目都需要资金，启动资金即一个新项目首期需要投入的资金。简单来说，就是新项目开始启动所需要的资金。

启动资金包括设备采购、场地租金、装修费用、日常运营成本、广告宣传等，这些资金都是菜市场正式运营前期不可避免的资金项目，有了启动资金，才能为菜市场后续发展铺好道路，菜市场运营初期本身就很艰难，如果没有这些费用做支撑，你的菜市场就无法正常运营。

备用金准备

在菜市场运营的过程中，总会有很多突发的、零星的资金支出项目。而这些支出的

资金，也许并不包括在计划之内，那就需要事先储备一定的备用金，以备不时之需。

当菜市场资金流流入大于支出时，意味着当前菜市场运转稳定且成熟，但即便如此，也不能鼠目寸光，准备充足的备用金可以保障菜市场有效应对突发事件，避免正常运营陷入困境。

当菜市场资金流流入等于支出时，代表当前菜市场资金状况仅能维持日常经营所需。此时应当未雨绸缪，做好备用金储备，以便应对资金困境。

当菜市场资金流流入小于支出时，意味着菜市场正面临严重的资金风险。如果此时有一笔充足的备用金，可以将身处泥泞的菜市场挽救出来。

储备充足的备用金，可以有效增强菜市场的抗风险能力。一般来说，备用金应当根据菜市场财务制度进行储备，如果有支出，就应当及时补上，以恢复原零用金限额。

资本支出方案

菜市场各项支出项目繁多，资本支出金额较大，周期较长。能否合理安排资金支出，对菜市场项目的建设以及后续的经营状况、盈利能力，都会产生较大的影响。

为了实现节约型的科学建设，必须全面控制资本支出。在决定投资决策之前，一定要制订一个详细的资本支出方案，妥善做好投资计划和安排，当然，制订资本支出方案，还要多制订几个不同方案，一方面在多方案中从优选择，另一方面要有备选方案，以备不时之需。

在多个方案中进行选择时，除了认真考虑有关预算项目的合理性之外，还应当注重对可供选择方案经济效果的比较，通过对比筛选出最为有利的方案。

在选定资本支出方案后，要及时摘出资本支出预算，然后再根据预算列出项目支出的用款额度以及每年需要的资金支出总量，以便更好地筹划资金使用。

投资预算注意事项

做投资预算，不能不知道的几个注意事项。

1. 尽可能地考虑全面一些、超前一些，避免反复投资，造成工期延误或成本上的浪费。

2. 投资预算必须要考虑建设周期的物价、工资等客观因素的动态变化。

3. 做菜市场投资预算要用实事求是的心态去做，要使整个菜市场投资估算数额趋于理性且合理。

刘彬主持会议

管理团队储备

菜市场的运作离不开人，人的重要性不言而喻。早期做好储备管理团队人员并不是浪费，因为在我看来，团队成员之间在工作的过程中是需要默契配合的，提前做好团队人员储备工作，成员之间相互熟悉、相互磨合，此外还需要做好岗前培训、评估工作，这样在日后的工作中才能更加高效、协同完成工作。

管理人员选聘标准及原则

管理人员选聘是保证菜市场各项活动正常运营的前提。管理人员选聘要根据菜市场发展的需要，根据人力资源规划和职务分析要求，寻找那些有能力、敢担当、主动作为的人员。

1. 选聘标准

对比其他行业，菜市场行业在管理人员选拔方面的要求相对特殊一些，并非学历越高越好，主要的素质特点如下。

（1）具有良好的职业道德。

（2）踏实肯干、忠诚度高。

（3）责任心强、原则性、纪律意识强。

（4）头脑灵活、反应机敏、善于沟通。

君子求诸己　小人求诸人

2. 选聘原则

（1）高度重视的原则

菜市场能够正常有序运营，靠的就是"人"的力量去推动。在选聘管理人员时，一定要给予高度重视，制定出严格的选聘标准和要求，并严格执行。

（2）与菜市场战略目标相匹配的原则

菜市场创建之初，是处于快速成长、快速扩张的阶段，所以管理人员的储备量应当满足菜市场扩张战略的需要，否则，人才储备不足，就会影响企业发展速度。

（3）多渠道选拔人才的原则

如今是信息时代，人才选聘也拥有了更加广阔的空间。可以根据自身需要，通过人才市场、报刊广告、互联网平台、猎头公司、熟人介绍等多渠道进行人才招聘。

（4）采用测评选拔的原则

人才选聘应当具备科学性，破除唯文凭轻能力的选人观念，应唯才是举。通过科学的测评手段来完成，要从面试、笔试、软件测评等方面进行综合考量，了解应聘人员的素养、能力、职业适应性等，为量才用人提供可靠依据。

刘彬在会议中

君子矜而不争 群而不党

管理人员岗位类型及职责

要保障菜市场日常管理工作的有序进行，就需要设置如下岗位并明确各岗位职责。

菜市场管理人员岗位类型及职责

岗位类型	岗位职责
市场经理	负责所在菜市场的日常管理工作，完成集团公司下达的各项工作目标
	负责推进市场经营和租赁工作，确保菜市场规范经营、良性运转
	负责相关法规和政策的宣传，组织开展文明经商活动，推进市场品牌经营
	负责与商户签订租赁合同，对商户进行表彰奖励或违约处理等管理工作
	负责一切突发事件的现场处理，如消防、安全经营等，保证市场的繁荣、有序
市场管理员	负责班组人员的签到、卫生、秩序等考核工作
	负责维护市场秩序，做好乱堆乱放、擅自扩摊占道、缺斤短两的监督
	负责处理顾客投诉，做好投诉台账和商户违规行为处理的资料保存
内勤人员	负责菜市场内商户的费用收缴工作，并做好台账和各类票证存档管理
	负责市场内商户证照更换办理工作，以及计量器具、灭火器具的年检工作
	协助市场经理完成市场事务性管理工作，如保洁、职业岗位临时工作安排等
保洁员	负责菜市场环境卫生，包括洗地、扫地、清运垃圾等，保证市场24小时清洁
夜值人员	负责夜间市场内巡视，做好市场防火、防盗和其他安全事故的安全工作
维修保全员	负责市场的水、电等设备设施的维修与维护，杜绝一切隐患
特殊门岗人员	负责做好突发事件及防控常态化需求工作，特殊时期临时性岗位

小不忍 则乱大谋

XI 附录

FU LU

附录四

站稳脚跟：
天时地利人和的加持

选择在哪里构筑您的梦之湾，地利因素非常重要，尤其是天津这块充满着生活烟火气的城市，在人们热爱生活的同时，对生活服务同样拥有着更高的要求。因此，地利与人和因素互为相生。与此同时，市场的预算筹划则如"天时"，能为整个项目从初创到后期发展经营保驾护航。但很多时候，新手对菜市场行业的选址和投资预算存在一定的误区。如果在选址的时候就出现认知误区，就容易造成菜市场的后续发展障碍和损失。

张茜：
菜市场选址及规划策略

张茜：天津人，生于1971年10月，现任天津市菜市场经营服务行业
协会副会长兼专职秘书长、党支部书记，曾任天津市乐业集团党委
书记，2012年从体制内走出来的政工干部，机缘巧合进入菜市场这
个陌生的行业。十载春秋白驹过隙，参与集团多个项目初创及运营
业务，也因长期市场运营一线管理工作，总结经验，有所心得。

作为天津市菜市场经营服务行业协会秘书长兼党支部书记，在这个岗位上也是亦老亦新的角色，使命一直牢记于心。书记更多时候是团队或组织的领航者，负责思想引领和团队建设。而秘书长则更像是"大管家"，需要在细致入微的事务管理中展现出高超的协调能力和执行力。

选址对于任何一个菜市场都是最关键的决策之一，无论是城市内的中小型菜市场，还是城区周边的大型批发菜市场，选址首先考虑的是交通，运输系统的改变以及不断演化的公路网络系统都会给菜市场的生存带来巨大的影响。市区菜市场一定要方便消费者往来，最好能够在低收入住宅区域步行可达的范围内。

这些选址还需要同其他因素综合考虑，如场地的经济成本（租赁、购买等）、土地所有权、占地规模、施工以及服务设施的可行性等，选择最适宜的场地会降低买卖双方的成本，从而降低成本与售价的差额，最终减少消费者的成本。市场筹建要想达到预期目的就必须成为社区人们出行的主要目的地，无论市场销售的农产品，还是生活必需品，都必须是商家的经济引擎，同时也应该是消费者们喜欢光的消费场所。当这种商业与社区之间的联系得以实现时，市场就是该地区的生活核心，为大家提供购物、生活、休闲与娱乐等需求的场所。市场建设也并非没有风险，所需资金的需求也比较大。如果不能满足开放市场的条件，那就可能影响其运营和长远的发展，从而也相应会减少其他关键的需求。

菜市场本身蕴藏很大的内蓄力，要营造一种真诚、包容、愉快的市场氛围，就需要强大协调和执行力，如果不能满足顾客的需求，就没有发展。市场管理方每天都应该将时间花费在市场上，好口碑是必须的，也是最为重要的。好的设计、建设和管理是可以达到这样效果的。

有效选址"利器"

不同的位置会给选址带来不同的结果。选址不是一件随随便便的事情，需要你有一定的分析和判断能力，同时还要结合实际情况去做考量，否则就不可能成功选址，只有掌握科学选址技巧，才能助力后续门店顺利经营。乐业集团作为菜市场行业的佼佼者，在选址方面积累了很多值得借鉴的经验和技巧。

符合当地相应规划

菜市场是一个巨大的民生工程。菜市场项目在选址的时候，应当结合当地多方面因素，因地制宜，综合选址。首先，也是最重要的一点，无论是城市内的中小型菜市场，还是城区的大型批发菜市场，都要符合当地土地利用规划和城乡建设总体规划的要求，按照当地工程建设规范及城市居住公共服务设置的有关规定设立菜市场，并取得当地合法审批手续。

道不同　不相为谋

乐业集团菜市场有效选址规划图

此外，要多了解城市建设的长期发展规划，关注城市规划的未来发展前景，眼光要放长远，不可因为短期一些有利条件就忽略了长期发展的目标。

人口密度高

有人的地方就有流量，有流量的地方就有销量。菜市场面对的购买主体就是广大居民，因此，在选址的时候应当充分以人口密度作为参照标准，人烟稀少的地方，需求量小，不利于菜市场的盈利和发展。

通常，人口密度大的地方有以下几个方面。

1. 城市中心

城市中心的人口密度比市区边缘人口密度大。这里的菜市场辐射范围广、人群结构多元、消费总量以及多业态并存相对稳定。

2. 住宅小区

住宅小区可以说是人口最密集的地方之一。住宅小区通常体量大，人口众多，人流量大，菜品的需求量也大，因此住宅小区聚集的地方是菜市场选址的绝佳之地。

总之，菜市场选址一定要选择人口密集区，要选择在核心社区、商业主干道旁，尽量避开社区末端和远离交通不便利的区域。

交通便利

随着人们生活水平的不断提升，机动车给人们出行提供了极大的便捷性。但菜市场选址，则对附近交通的便捷性提出了较高的要求。

富贵而骄　自遗其咎

200

因为菜市场每日要频繁进货、出货，如果所选区域运输系统存在阻碍，交通不够便捷，没有充足的停车设施，不具有易达性，就会影响菜市场的正常运行，甚至会给菜市场带来发展阻滞等难题。

另外，消费者买菜，图的就是便捷，在自家门口或在楼下，花几分钟时间就能买到新鲜的菜品，既节省时间又省体力，这才是他们心之所向的购买消费场所。如果为了买菜而花费大量时间与交通成本，对于他们来说既不划算也不值得。

因此，最适宜的场地应该降低买卖双方的运输成本。优秀的菜市场在选址的时候，都会充分考虑交通问题，一方面方便菜品运输，另一方面方便消费者抵达，菜市场如果能处于多条交通路线的汇聚点，不仅方便菜市场商户进出货，而且也会成为人们买菜的首选之地。

周边环境安全

菜市场本身是一处聚集人流的地方，所以在选址的时候，还应当考虑周边环境安全问题。因为周边环境问题会直接影响着商户、消费者的身体健康及安全，也会影响菜市场的经营与发展。

具体来讲，就是要保证所选之地直线距离1公里以内，无有毒、有害、烟雾、粉尘等污染源，无产生或贮存易燃易爆等危险品的场地。

乐业集团菜市场人文设计效果案例

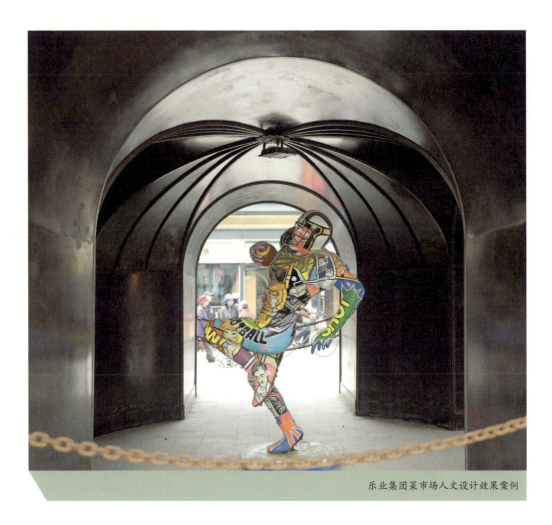

乐业集团菜市场人文设计效果案例

周边无同质性竞争业态

菜市场在选址的时候，除了考虑人口密度、交通便利性、周边环境安全等，还应当考虑周边有无同质性竞争业态。简单来说，就是要考量菜市场所在区域是否与其他大型超市或菜市场业态重叠。大型超市或菜市场是同行业竞争者，假如所选区域附近有过多的同行业竞争者，很可能造成因交通路线便捷性不足，甚至购买人群流失或被其他竞争者抢走，从而增加菜市场的竞争压力，进而对菜市场的营销效果造成经营方面的影响。

周边业态互补

菜市场存活，靠的就是客流量。单一的菜市场引流能力有限，最好的引流方法，就是在选址的时候选择那些周围布局有花鸟市场、数码市场、钟表市场、小吃餐饮等其他业态的繁华地带，这些不同业态之间不但不存在竞争性，而且彼此之间合作可以形成流量互补。业态越丰富，对菜市场的流量聚集就越能起到聚集效应，就越能更好地拉动菜市场的销量。

心地须要光明　念头不可暗昧

解锁未来规划趋势

以居民购物习惯与需求为纲

菜市场本身就是为消费者服务的，菜市场设计应当根据他们的消费购物习惯需求进行定制。综合考量消费者所需的商品是首要的，也是必须遵循的规律。

在这方面，尤其要注意南、北方消费的差异性，比如，一般北方人喜欢"囤菜"，一次性可能会买一周食物，特别是冬天，类似土豆、白菜、大葱、萝卜这些家常菜，常常会以"袋"或者几十斤为单位进行采购，东北地区更甚，会以"车"为单位囤储冬菜，南方人的习惯却截然不同，每次去市场或许只购买一顿饭的所需，最多是一天的食物，且吃得精细。

因此，在做菜市场开发设计时，要根据当地的人文环境对各售卖品类进行合理划分，并进行针对性定制。

注重服务和人文关怀

菜市场设计除了要注重实用性和美观度，还需要注重服务、讲究人文关怀。

乐业集团菜市场人文设计效果案例

乐业集团菜市场人文设计效果案例

　　很多消费者为了省去拎菜的烦恼，会骑电动车、自行车等前来买菜，造成菜市场外围乱停乱放的问题，甚至有的消费者的电动车、自行车还会进入卖场，容易造成一时拥堵。为了解决这样的问题，可以在菜市场周围设计相关硬件设施，规划车辆停放区，打造无障碍通道，这既解决了菜市场周围乱停车的问题，也解决了消费者通行的难题。这样的设计，对居民也是一种非常贴心的服务。

　　再比如，当前很多菜市场在规划设计时，会在菜市场内部专门开辟出一个专供人们休息和休闲的场所，如设立公厕、母婴区、饮水机、公平秤、科普基地、老年人食堂、便民服务等功能区，这些设施的安排使得菜市场有了更加健全的服务体系，体现了菜市场的人文关怀。

烟火气和文化味相融合

　　毋庸置疑，菜市场是一个具有烟火气息的地方。在城市快速发展的今天，菜市场设计只有烟火气是不够的，是不能满足广大消费者需求的，因为菜市场是一头连接着生活，另一头交融着我们的文化，它还是民生变迁的见证。

　　注重烟火气和文化味的融合。充分了解当地人文历史、区域文化，在菜市场设计之初，就将这些元素文化融入其中，就可以为这里的百姓营造一个亲切而又熟悉的购物环境。

这样的菜市场在多元文化的加持下，既是市井、烟火气息浓厚的菜市场，又是潮流时尚的艺术建筑，展现出区域文化的独特魅力，使得菜市场从一个单一的卖菜市场，变得更具文化气息，并可以演变成一个极具文化价值的公共空间，符合现代消费者对菜市场功能与文化体验的双重需求。

提升体验维度和满意度

菜市场，作为城市生活中不可或缺的一部分，不仅承载着居民日常采购的重任，更是城市文化和生活气息的缩影。然而，随着时代的变迁，传统的菜市场面临着来自超市、线上生鲜平台的激烈竞争。为了保持竞争力，提升顾客体验维度和满意度成为了菜市场转型升级的关键。

菜市场通过环境优化、商品质量提升、智能服务引入和人文关怀等多方面的努力，成功提升了体验维度和顾客满意度。这些举措不仅让菜市场焕发了新的生机和活力，也为城市的文化和生活增添了更多的色彩和温度。未来，随着更多创新理念的融入和实践，菜市场将继续成为城市居民生活中不可或缺的一部分。

乐业集团菜市场人文设计效果案例

XII 附录

FU LU

附录五

筑城拓路：
软硬兼施练内功

菜市场承担着为人们提供日常生活服务的职责，在进行菜市场规划设计与建设的过程中，一切都应当围绕这一点进行，需要打造市场的软实力与硬功夫。优秀的菜市场规划、设计与建设，不但能满足人们的日常生活需求，还能使消费者获得精神上的满足。可以说，一个菜市场有没有吸引力，在很大程度上取决于菜市场规划设计与建设是否成功。

王亚迪：
菜市场建设与运营美学

王亚迪：天津市人，生于1982年8月，历任天津市河西区第十一届、十二届、十三届政协委员，现为乐业集团副总经理，分管工程建设与采购工作。进入菜市场行业已有二十年之久，从项目选址到项目规划，从物品采购到项目施工，在菜市场规划与工程施工方面积累了丰富的经验。

　　不懂菜市场的人肯定不会把美学和菜市场联系起来。我想用我二十多年的从业经验告诉大家，美学是建设菜市场和管理菜市场必须要有的知识储备。

　　我曾经读过我岳父写的自传《拼来成功》，书中写到天津市美学家马觉民曾给他讲过美学"三段论"，即"任何事物都具有实用功能、认知功能和审美功能"。这个理论适用于世间万物，当然也包括菜市场。

首先，菜市场要具备实用功能。

菜市场是老百姓一日三餐的食物来源地，它必须满足"物品丰富、方便买卖"的实用功能，菜市场还应该是一个相对封闭的空间，场内要按不同售卖品类合理分区并设分区指示标识，不同的品类分区要有相配套的基础设施，让经营者售卖方便。还要视菜市场的规模和周边的环境，设置合适数量的出入口，出入口的大小要同时兼顾经营者备货和顾客出入（含无障碍通道）的双重需求，市场内售卖摊位的布局也要充分考虑新动线安排，无论买与卖在场内都可顺畅通行。

特别需要重视的是菜市场的公共设施。菜市场在规划设计之初，就需要科学规划菜市场的水、电、燃气等公共设施，除了市场公共需求外，还要充分考虑市场内布局的不同业态对公共设施的不同需求，比如熟食、水产、肉类等品类的商户，他们要比蔬菜、水果类商户使用更多的电力和水量，最公平的办法就是每户单独计量，让商户各自支付实际使用费用，同时还要把未来的变量考虑在内，在未来有需要时可以灵活调整。

其次，菜市场要具备认知功能。

菜市场就要有菜市场的样子，无论是它的统一标识、装饰特色，还是不同品类的摊位布局，都要保留菜市场的韵味，外观形象不能过分高大上，像个高端商场，也不能过分抽象，不好辨识，因为菜市场终究是个接地气的地方，是个受众非常广泛的消费场所，通过它的外观就要让消费者知道它是个物美价廉、管理规范的菜市场，进去之后就能放心地买到所有日常生活物品。

再次，菜市场还要具备审美功能。

审美功能是在前两者的基础上衍生出来的。基础的实用功能和认知功能满足后，再辅之文化元素和情感纽带，这样就能把菜市场的美感展示出来，这是菜市场不同于低端农贸自由市场的区别，它既能与周边商圈环境相互融合，又能保持自己独具的文化韵味儿，只要菜市场有了自身的文化韵味，消费者就会有所回味，有了回味就会愿意前去光顾，这样就在市场与商户间、经营者与消费者间形成了情感纽带，彼此的关系也因此进入良性循环，市场的经营基础愈发扎实。

乐业集团是我让梦想变成现实的平台，通过自己在工作中不断地努力，并做出了一些成绩，于2002年荣幸当选了河西区第十一届政协委员，成为天津市菜市场行业最为年轻的政协委员之一，当时我就暗暗地下定决心，一定要在我的职业生涯中干出一番事业，无论是迈出一大步还是一小步，都要走好每一步。二十年来，我牢记着乐业集团"打造全国一流菜市场"的奋斗目标，到全国各地与同行交流学习，在天津遍走各区菜

市场，勤学历练，与乐业集团的同事们一道团结奋斗，将一个又一个既接地气，又有文化属性且地区韵味浓厚的菜市场建了起来，让乐业集团成为全市菜市场行业的排头兵，我十分坚信"书山有路勤为径，云程有路志为梯"！只要我们大家心存大志，发扬勤劳与不屈的精神，就一定能够实现自己的奋斗目标。

乐业集团副总经理在研究菜市场设计建筑会议中

菜市场建筑结构条件要点

菜市场建筑设计环节是整个项目能够顺利推动的重要基础。优秀的建筑设计，不仅能保证菜市场运营的安全性，还能通过外观的美感来吸引顾客。掌握菜市场建筑结构设计要点，是菜市场规划设计与建设的关键。

专业思维主导主体设计

从总体上讲，菜市场设计应当站在专业设计的立场上，以市场专业思维进行建筑主体设计。专业的人做专业的事，但前提要结合菜市场行业本身的特点进行设计。

以市场专业设计思维进行设计时，要对建筑整体结构形式、层数、建筑面积、出入口位置、楼梯位置等做出充分且全面的考虑，因为这些建筑主体一经确定，几乎就无法进行大的改动。

虽有荣观　燕处超然

建筑结构宜简不宜繁

建设菜市场就是本着实用性去的。所以在建筑结构设计时，应当以实用性为主，在实用性基础上做出适当的美化即可，切勿本末倒置地将建筑设计得过于烦琐。

菜市场设计主要是为了突出实用和便捷而考虑的，不应为了美观而使得建筑结构分布复杂化。过于复杂的内部结构往往限制了菜市场内部的宽敞度，同时也会有过多的死角，造成购物动线（即市场内人流活动的路线）不顺畅，也容易造成消费者和整体业态混乱的感觉。因此建筑结构设计一定要明确一条，那就是宜简不宜繁。

打造合理布局，有效促进消费

增加菜市场实际可用面积

大商场或者综合性商业体一般公摊面积比较大，菜市场同样如此。菜市场创办所选区域寸土寸金，如要提升投入产出比，就需要尽可能增加菜市场的实际可用面积。

在满足商业层高规范要求的前提下，加大菜市场层高，将室内空间分割为两层或多层，以此增加菜市场实际可用面积，并提升商业空间再度利用。

乐业集团图书吧

自胜者强　知足者富

乐业集团阶梯会议室

菜市场配套提前预留

菜市场建设，配套功能必不可少。为了确保满足日后配套设施的使用，在菜市场整体设计的过程中，不仅要对整体结构和空间进行综合性规划设计，还需要做好菜市场配套的提前预留工作。

1. 功能配套

功能配套就是实现菜市场正常运营、运转的配套设施，如行人、货品通道分离配置、货物升降梯的配置。

2. 市政配套

市政配套，是指包括城市轨道交通、供水、排水、用电、消防安全、环境卫生、生活垃圾处理设备等相关的配套设施。

3. 设施与设备配套

设施设备的配套，即能够满足商户和顾客便捷、便利需求的相关服务型设施。如停车场、卫生间、休息区等相关设备、设施。

科学规划摊位路线

菜市场是一个集人、货、场于一体的综合场所。科学合理的路线规划，不但使顾客与市场互动变得更加流畅，还能有效提升菜市场的收益，所以，流线设计是菜市场设计

的头等大事。

　　菜市场就是个大卖场，内部规划与布局在菜市场项目中占有一定的比重。菜市场内的摊位有很多，如果没有规则性，就会使得整个菜市场看上去杂乱无章，也对顾客选购商品形成一种阻碍，甚至会造成人流拥堵而带来安全隐患。

合理安排摊位布局

　　摊位布局不合理、业态设置混乱，会使得消费者进入菜市场后很难找到所需要的食材。摊位布局，既要遵循实用性，又要保证合理性；既要兼顾摊位与菜市场整体的互动性，又要保证协调性。

　　1. 摊位业态布局

　　在摊位规划布局时，应当充分考虑菜市场自身、商户，以及顾客的实际需求。业态布局应当遵循合理原则，相同业态要归置在一起，生熟业态、干湿业态应当分离。摊位还应根据业态类别进行划分，形成水果集成、蔬菜集成、肉蛋集成、水产集成、干货集成等，使整体摊位规划彰显井然有序。

　　2. 摊位格局布局

　　摊位的具体大小，应当根据整个菜市场的面积数量和形状来定。而且摊位设置应当面面相对，避免出现面壁经营的"死角区"。

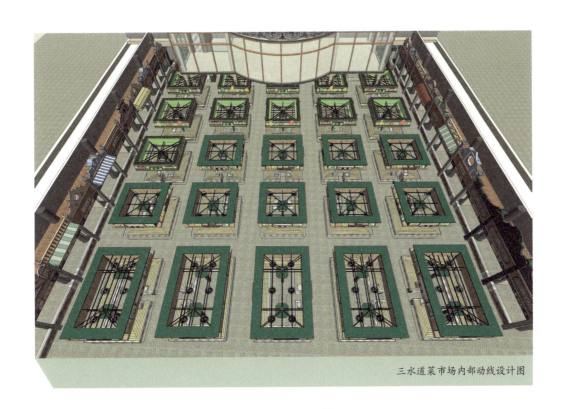

三水道菜市场内部动线设计图

天道无亲　常与善人

3．摊位空间布局

摊位是商户谋生的利器。在摊位空间设计时，应当充分考虑摊位高度是否符合实际需求。比如，摊位下方设计是否有储备空间，以便商户存储货物，并有效减少占道行为的发生；水果区是否设计呈斜坡式或阶梯式摊位，便于水果展示与售卖，以使达到一目了然的目的。这些都直接影响商户的经营和销售效率。

摊位设计别出心裁

摊位设计也是菜市场整体设计中的重要一环。摊位设计需要简洁，但还要注重"别出心裁"，这样才能更好地吸引顾客。

1．与菜市场大环境相符

摊位是组成菜市场的元素，在进行摊位造型设计时，应当将整个菜市场环境甚至消费的便利性考虑在内。然后进行设计，这样更有针对性，更能符合顾客的购物习惯。

2．摊位设计彰显个性化、人性化

摊位造型个性化、人性化，让自己的摊位设计与众不同，则能更好地烘托整个菜市场品牌的差异化。如今，很多菜市场在摊位造型方面都进行了创新，如鸟笼形岛台等。

3．摊位设计注重细节

通常传统菜市场摊位大都是直角设计，人性化的摊位造型设计，则非常注重这些细节，采用圆形、无棱角设计，充分体现了人性化设计理念和真诚服务的态度和责任。

色彩搭配营造氛围

菜市场在色彩设计上，也要有所讲究。科学的色彩搭配能够为菜市场营造出一种舒适的氛围感，构建个性化的购物空间，可以给消费者带来不一样的购物体验。

1．做好色调选择

菜市场色彩搭配，需要考虑市场环境、市场定位、功能划分，最终确定整个菜市场的主色调。通常暖色调给人以明快、愉悦感，而冷色调则给人以平和淡雅感。

2．借色彩明度营造层次感

色彩也是有明度高低之分的。使用同一颜色时，明度不同则给人带来的视觉感受也是有所不同的。在色彩明度的控制上，不宜超过三个度的亮度，这样可以使整个菜市场的效果达到不同的层次感。

3．把控好色彩度

在菜市场的整体配色中，也需要把控好色彩度的应用。通常那些高纯度色彩适用于凸出和小面积装饰使用，如门头、灯饰、个性化装饰元素等。大面积的色彩应用，应当降低色彩纯度，给人以视觉上的柔和与舒适感。

照明设计烘托气氛

菜市场内部设计还应当包括照明设计一项。灯光本身就对环境氛围能起到一定的烘托作用，给人营造出一种更加直观的视觉感受。

1. 公共区域灯光设计

公共区域的灯光设计，需要根据整个菜市场的风格来定，以此达到遥相呼应的目的。

每个菜市场都会有自己不同的文化底蕴，借助照明设备，可以将这种文化底蕴更加凸显出来，比如现代简约风格的菜市场，可以通过简约元素的照明灯具来体现。菜市场在公共区域的灯光就应当多设置一些照明灯具，并借助灯具的亮度来烘托整个菜市场的明亮感，以提升室内整体的氛围基调。

2. 摊位灯光设计

菜市场中的摊位是根据售卖的菜品类型进行业态划分的，比如果蔬类、鲜肉类、海鲜类等。要想让顾客真切看到这些鲜美食材，就要善于借助设计进行烘托，通过与食材相近的颜色进行室内颜色的布局填充。

乐业集团创始人和副总经理考察菜市场途中交流

自见者不明　自是者不彰

XIII 附录

FU LU

THE
OLD
MAN
AND
THE
SEA

老人与海

附录六

防微杜渐：
经纬调和共筑平安

菜市场与人们的生活息息相关，关系着人们的安全和健康，更与社会民生工作有着直接联系。安全规范运营是菜市场健康经营、长久发展的指路牌。市场经营管理者应充分打造信息通路，调和各方资源力量，做到多部门联动、多资源共享，共同铸就平安市场，让"菜篮子"拎出幸福感。

吴兆明：
服务为真管理入情

吴兆明：山东人，1979年9月生，十九年军旅生涯，某集团军参谋部参谋，自主择业军转干部，新生代菜市场管理者，现任天津市乐业集团市场有限公司董事长助理兼市场部部长。从一名军人到乐业集团一线管理人员，对市场管理有深刻的体会。

　　从一名军转干部，到一名一线菜市场管理人员，作为董事长助理兼市场部部长，我的"天然的优势"就是最容易接近企业文化的"根儿"，我始终认为，"学会倾听、把握导向、运用激励"是作为一名市场管理者所必须具备的素质和能力。只有像对待自己的亲人一样"管"商户（急商户之所急、帮商户之所需），商户才"理"你，只有秉承"利他"（商户）的菜市场，才能留住商户，这样的菜市场才更具生命力，具体来说，

做好以下三个方面。

1. 倾听

倾听是一名成功的管理者必须具备的素质，学会倾听来自商户的声音，有助于提高工作效率，拉近距离，增进感情。作为管理者，刺耳的话要冷静地听、反对的话要清晰地听、奉承的话要警惕地听、正确的话要诚恳地听、错误的话要参考地听，只有心平气和地去听取每个商户的意见，才能在听的过程中找到自己需要的细节与信息，才能真正了解商户想什么、关心什么、需要什么，我们的管理服务工作才会有的放矢，保障工作才能做到及时、有效。一个真正优秀的管理服务者，首先必须是一个优秀的倾听者，与商户真诚交心，了解他们各自的难处和不易，或是受疫情影响，生意难做，或是家庭发生重大变故，缺少人手，或是子女考上大学，经济拮据……每一户的情况不同，处理方式也有差异，及时上报、及时反馈、及时处理，真正把"商户至上"的理念落到实处。

2. 导向

菜市场导向好不好，往往就决定了商户对其信任度有多高。只有在激烈的竞争中留住商户，市场才会繁荣。我觉得，要想达到菜市场长盛不衰的目的，就必须要以目标和结果为导向。因为只有目标才能指引方向，才能有希望；结果决定一切，结果不好，过程再辛苦、再艰难那也是徒劳的。公司自成立以来，虽然经历过无数的挑战和困难，但一次又一次的突破，不仅增强了商户们的信心，而且还实现了他们的人生价值。他们通过踏实工作、诚信经营，过上了有房有车的美好生活。能够提供摊位的菜市场有很多，但能够把商户当成自己的家人，尽心尽力地帮助并相互尊重的菜市场却寥寥无几，这不仅仅是利益，更是情谊。有了这份亲人般的情谊，有了"管理就是服务"的理念，有了"为善最乐"的文化导向，我们的管理服务工作就会更加顺畅。

3. 激励

简单来说，就是把激励做好，只有激励到位，商户才会有动力，管理服务工作才会有生命力。对于商户们来说，他们大都是外地人，他们所在乎的不仅仅是在物质层面给予的优惠政策，更多的是希望在精神层面得到关心、关注。所以说，搞管理服务要有感情投入，要有精神激励，只有这样才能显得更加真诚、更加人性化，这其中主要包含参与感、认同感、归属感、荣誉感、尊重感、信任感、安全感、满足感等一系列的个人感受。我们在各个市场的醒目位置，为优秀商户拍照宣传，起到了很好的效果，使商户真正体验到了被尊重的感觉，他们为此感到无比的骄傲和自豪，因为只要他们在菜市场，他们就是菜市场的主角，他们就是菜市场的主人。

安全管理：加强消防安全保障管理

菜市场内每天人流量较大，如果安全工作不到位，就会存在极大的隐患。菜市场内除了要有良好的环境卫生条件，还要有良好的消防安全保障。

落实消防安全管理举措

为做好消防安全管理工作，菜市场实施了有效的消防安全管理举措，并将这些举措落到实处。

1. 树立消防安全意识

消防安全无小事，关系到每一位商户、消费者以及整个菜市场的安全问题。菜市场在商户、管理人员当中树立消防安全意识，定期组织商户和市场管理人员开展消防安全教育活动，以提升整个菜市场消防安全防范意识，为菜市场消防安全筑牢防火墙。

2. 开展消防安全培训

菜市场会定期开展消防安全培训活动，为商户和管理人员传授消防安全知识，以提升自防自救能力，以及提升整个菜市场的综合消防安全管理水平。

3. 加强消防安全排查

消防安全排查是一个细致的工作，不容有丝毫马虎。在日常工作中，要勤于检查菜市场各个角落的消防安全情况。对存在消防安全隐患之处，要及时维修和整改，以确保商户安全用电、用气、用火，预防和杜绝各类火灾事故的发生。

4. 制定消防安全机制

工作执行一方面靠责任心，另一方面还需要制度进行约束和规范。菜市场制定了一套切实可行的消防安全机制，让每一个商户和管理人员都严格履行消防安全经营、工作职责。

5. 制定消防安全应急预案

未雨绸缪，有备无患。制定切实可行的消防安全应急预案，并认真组织商户和管理人员进行应急疏散演练，以确保在真正发生火灾时，能够从容、有效、快速应对和做出处置举措，最大限度地减少人员伤亡和经济损失。

加强消防安全设施建设

菜市场安全经营，离不开消防安全设施建设做保障。那么菜市场应当具备哪些消防安全设施呢？

1. 火灾报警系统

在出现火灾时，火灾报警系统能够第一时间向菜市场内的所有人员发出警报，从而使菜市场中的人员有足够的时间在火灾没有大面积蔓延的时候逃离现场。

2. 灭火器、消火栓、水枪

灭火器、消火栓、水枪在菜市场这样人流量密集的地方必不可少，在发生突发情况时，能保证人们的生命安全。

3. 应急照明系统

菜市场配备了应急照明系统，并有统一标识做引导，以此帮助菜市场内人员快速、准确地撤离。

4. 防火门

菜市场还专门设置了符合隔离要求的防火墙、防火门，在火灾发生时，可以为等待营救争取时间。

5. 防水插座

菜市场是一个比较潮湿的环境，在用电方面一定要注意安全用电。在选择插座的时候，选择的都是具有防水功能的插座。这样，即便不小心进水，也能在很大程度上减少触电事故。

吴兆明和市场经理进行工作分析

商品管理：食品安全紧抓不懈

民以食为天。菜市场的食品安全问题是广大消费者最为关心的话题，提高菜市场食品安全，就是提高广大居民的菜篮子安全。食品安全要永远放在第一位。

加强食品安全管理与规范

只有保证食品安全，才能让消费者买得放心、买得舒心、买得满意，加强食品安全管理与规范，是保证食品安全的有效途径。

1. 冷藏、冷冻食品规范

菜市场内的冷藏、冷冻食品存放，对温度的要求特别高。存放环境不能达到适宜温度，就会导致食品、菜品加速变质，引发食品安全问题。

2. 定期清洁消毒规范

对于鲜肉类、水产类、熟食加工类业态，每日应当对操作台、切割工具、盛放器具等进行严格清洗和消毒，并严格按照规定加盖存放。

3. 熟食商户穿戴规范

熟食是可以直接入口的食品，对于食品安全规范要求更高。熟食区商户除了要保持直接与食品接触的工具、容器等清洁卫生之外，还应当公示健康证明，操作全程应当佩戴口罩、手套和工作帽。

加大食品安全监管力度

为了让广大消费者的食品安全得以保障，无论是各级监管，还是菜市场管理层面，都应加强食品安全管理。

除了商户自我管理和规范之外，还需要菜市场管理人员全力配合，加大食品安全监管力度，建立不合格商品退市机制，让广大消费者吃到放心肉、放心菜、放心果，获得"舌尖上的安全感"。

1. 建立并严格执行相关食品安全制度

做好菜市场食品监管，除了要遵守《中华人民共和国食品安全法》之外，还要建立相关食品安全制度，包括《食品安全台账管理制度》《食品经营者进货查验制度》《食品经营者索证索票制度》《食品安全追溯管理制度》《食品经营者质量承诺制度》《食品/农产品准入制度》《不合格食品退市制度》等。

此外，监管人员要严格按照相关法律法规，履行好自己的安全监管职责，要求每位商户严格执行相关规定。

2. 对食品全覆盖检测

菜市场内食品种类较多，但不能为了图省事、省时，就采用随机抽检的方式对食品、菜品进行检测。这样容易出现漏网之鱼。食品安全问题需要给予充分重视，不容马虎和大意。

菜市场要加大力度，开展全覆盖、全项目监督和检查，并落实食品安全管理制度，与商户签订食品质量安全协议，落实相关责任。每天对菜市场内所有农副产品进行快速抽样检测，并公示检测结果。对于无法达标的食品，严格禁止销售。

3. 加强针对性监管

凡是进入菜市场的食品、菜品，都要保证证件齐全。要严格做好进货查验、索票索证的督察工作。

对于有包装类食品，要求明确公示食品的生产日期、保质期、数量、生产批号、合格证明、生产经营者名称等信息，对于肉类、海鲜类产品，要求具有"两证一报告"（屠宰企业出具的《肉品品质检验合格证》和经官方兽医检疫合格出具的《动物检疫合格证明（产品B）》），并主动在摊位处公开。对于菜市场内销售的进口冷链食品，还需要商户出示准确、规范、真实、具体的进口冷链食品出入库信息，包括入境货物检验检疫证明、消毒证明和冷库中自动生成的"随附追溯码"。无法提供溯源信息、合格凭证的食品，严禁入市。

吴兆明与乐业集团创始人在林苑菜市场现场办公

圣人之道　为而不争

【POSTSCRIPT: SET SAIL

扬帆——写在后面】

创业颂
The Entrepreneur's Speech

止就是从地狱到天堂 到菜市场也可以

王乐然

相容并蓄：
打造世界眼中的中国菜市场

2023年10月底，对于乐业集团，乃至中国菜市场行业都有着特殊的意义。世界批发市场联盟（WUWM）在墨西哥坎昆MOON PALACE酒店举行2023年年会，本次年会由墨西哥代表团和拉美地区集团主办，邀请全球所有会员和市场专业人士参加，在世界领域分享、引领、交流经验。值得一提的是，年会也迎来了来自中国的面孔。天津市菜市场协会会长、乐业集团创始人的我也名列其中。

世界批发市场联盟年会是全球食品行业最具影响力的活动之一，汇聚了来自全球批发和零售市场的代表。这一成立于1958年的世界级非政府非营利组织，其目标主要是促进批发市场的国际间信息交流，提高市场的建设、组织和管理水平，特别是推动批发市场在世界食品流通领域内发挥基本作用。2007年9月，第25届世界批发市场联合会代表大会在北京举行，这也是该组织成立50年来首次在亚洲国家举办代表大会。

本次2023年年会为会员提供了交流思想、讨论该行业面临的挑战和机遇、了解新市场趋势和技术的机会。此外，它还是全球市场专业人士之间建立联系和加强商业关系的平台。

在墨西哥考察市场与印尼商家进行农产品交流

年会中，作为中国菜市场行业的领军人物代表，我有幸作为主宾做了主题演讲，参加了小组讨论、研讨会，并参观了坎昆批发市场等活动。

演讲中我提出，要立足这一世界领域平台，互相学习，互相借鉴，并欢迎大家到中国天津乐业集团做客，将中国传统文化中的"独乐乐"化为"众乐乐"践行于身，发扬更广。与此同时，我还就三十余年市场经营感受"利百姓方便、利商户挣钱、利社会稳定"与在场嘉宾进行了分享。

乐业集团伴随中国市场经济发展步伐，落脚于"菜市场"这一与民生民计直接相关的行业，得到了长足发展。在发展过程中，集团既得益于政府保民生的政策利好助推，同时也得益于在经营中积极吸收国际市场设计、经营、管理等先进经验。乐业集团深耕行业运营、创新发展、个性设计等思维，打造形成了一系列具有"乐业"特点的菜市场，以及系统化菜市场经营管理方式方法。

与此同时，伴随着具有"乐业"气质的菜市场不断被公众及行业认可，多次出现在媒体视野，甚至得到了世界同行的关注。乐业的脚步也在走出国门的同时，展现着"中国市场"的全新面貌，诉说着"中国市场"的前行故事。在这样一个伴随城市发展、民生保障与经济管理的综合性行业，势必会承载着更多人文、艺术、经济等价值。乐业集团正是在"请进来"与"走出去"的过程中，在探索中前行，在迭代中提升。

会议中，我还和上千名来自世界各地的与会嘉宾共同分享了一则关于乐业集团及菜市场经营的中英文双语视频，视频中不单展现了乐业集团蓬勃发展的状况，更传递出中国菜市场、乐业菜市场独有的人文气息、烟火味道。在场嘉宾都被视频中充满暖意的氛围和极具创意的菜市场特色所吸引，会后纷纷主动邀我合影，并分享了来自中国菜市场经营的经验心得。以下是我的主题演讲。

尊敬的来宾：

大家好！非常开心来到墨西哥参加本次盛会。能成为世批联新成员我感到无比荣幸。我是来自中国天津乐业集团的创始人王乐然，专注菜市场建设经营管理三十年。

世批联为我们提供了一个优质平台，这是一个多元化的组织，涵盖了世界各个领域的人才，让我们可以集合众智，共谋大计。我们要立足这个平台，互相学习、互相借鉴，更欢迎大家到中国天津乐业集团做客。将中国传统文化中的"独乐乐"化为"众乐乐"。世批联的发展需要每个成员的努力和贡献。我想将我专注经营菜市场

三十年的初心分享给大家，就是：利百姓方便，利商户挣钱，利社会稳定，我们以服务商户作为信仰。

最后，祝愿所有世批联成员"何止于米，期待于茶"。你们为柴米油盐酱醋茶做出的贡献，何止长寿八十八岁，至少一百零八岁。我期待与你们在未来的日子里，共同书写世批联的新篇章！打造全国一流菜市场定在中国天津乐业集团诞生。谢谢！

王乐然

2023年10月26日

英文版主题演讲稿：

Honored guests:

Hello, Everyone! It is a great pleasure to be here in Mexico for this great event. It is my honor to be a new member of the World Federation of Wholesale Markets. I'm Wang Leran, the founder of Leye Group in Tianjin, China. I have been dedicated to the construction and management of vegetable markets for 30 years.

The World Federation of Wholesale Markets provides us with an excellent platform. It is a diverse organization, including all fields of talent in the world, so that we can pool wisdom and work together. We should base on the platform to learn from each other and welcome everybody to visit Tianjin Leye Group, China. Because sharing is better than enjoying it alone. The development of the World Federation of Wholesale Markets requires the efforts and contributions of every member. I would like share with you my original intention of focusing on the vegetable market for 30 years , which benefits the convenience of the people,the business to make money and social stability.We believe in serving merchants.

Finally, best wishes to all the World Federation of Wholesale Markets members to look forward to tea, more than rice. Your contribution to the people's daily life will make you live longer. I look forward to writing the next chapter of the World Federation of Wholesale Markets with all of you in the days ahead. To build a world-class vegetable market will certainly be born in Tianjin Leye Group, China.Thank you all!

Octorber 26, 2023

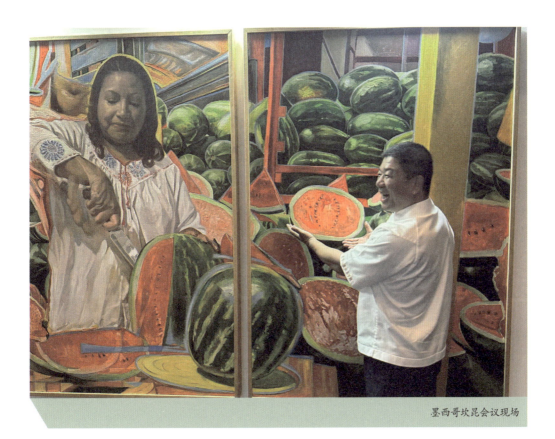

墨西哥坎昆会议现场

扬帆启航正当时，
砥砺奋进再出发

　　2023年，集团下的商户砥砺前行，起早贪黑全年未休，有的买了新房，有的买了新能源电车，有的给父母接到津城，有的将孩子送进了知名大学，都取得了沉甸甸的收获。大家记住了一年的不易，无论是迈了一大步还是一小步都是走好了每一步，这一年走得很坚实。这一年，商户们在菜市场中强健了体魄，创新发展了熟里三文鱼、卞家老卤、阿甘素丸子、穆记牛羊肉、酥礼记、蜜雪冰城、海瑞昇馒头房等，为菜市场增添了新亮色，展现了繁荣的景象。温暖的生活气息、忙碌的劲头，诠释了商户们对幸福生活的追求，也展现了一个活力满满、热气腾腾的中国（天津）乐乐菜市场。

得道多助　失道寡助

这一年的步伐，他们走得很显底气，他们的底气源自实力。

2023年，商户们不仅发展了自己，也积极团结友邻担当责任，与新伙伴共同分享。前行路上，商户们用诚信感动消费者，他们的誓言也很是朴素："少给一两，短寿三年。"他们的目标也很朴实，就是让家人过上更好的日子，让孩子受教育，让父母安心养老。2024年，乐业集团将继续以服务商户们为信仰，以"守正用奇、守正用特、守正用乐、坚守正道"和商户福祉为念，建设更加美好的、让老百姓认可的菜市场。祝愿商户们福暖四季、勤善为本、吉祥满门！

王乐然

2023年12月

道可道　菜之道

近年来，我走过中国大大小小城市近百个菜市场，其中包括全国十三大菜市场之首的哈尔滨道里菜市场、厦门八市菜市场、上海乌中市集、北京三源里菜市场、香港本湾菜市场……可说是不胜枚举。特别值得一提的是苏州新秀、双塔市集菜市场，该市场气势恢宏，完美地将生活与艺术融入在一个庞大的空间里，而全国城市农贸中心联合会零售市场专业委员会的理事单位——一鸿公司的菜市场更是集设计、经营于一体，堪称国内菜市场第一企业。

我们乐业集团于2023年4月25～27日，接待了全国城市农贸中心联合会零售市场专业委员会（简称全国零售委）组织的来自北京、河北、上海、江苏、浙江、山东、广东、广西、深圳等地的会员单位，在天津乐业集团菜市场考察交流。在此，特别感谢并怀念时任全国零售市场专业委员会秘书长的贺有余先生，贺秘书长在此次考察活

祸兮福之所倚　福兮祸之所伏

动中，主持了在天津市水晶宫饭店召开的培训座谈交流会议，期间，他要求每人讲话限时10分钟，唯独我的讲话不限时。时隔不久，惊闻贺秘书长溘然长逝，我深感震惊和悲痛，在此表达我的深深怀念和感恩之情！

在菜市场经营学里，要有认知、价值观、逆向思维、守正用奇、守正用特、守正用乐、坚守正道、向上而行、向善而行、小我利益、百述不如一诚……没有诚信不能到达的地方。无论百年老店，还是新秀登场，都有她的对称美学与最佳比例，以及色彩购物动线的设计。其实，真正的灵魂如同养鱼，要想养好鱼，需先养好水。我总认为，乐业菜市场的"为菜之道"，首先是"人性化"，是对商户经营菜品的包容，有的顾客就是冲着他经营的商品来的，有的顾客则是冲着经营者本人来的；买菜时不聊菜品，却往往聊家庭的点滴生活。在这些方面，应该说，天津的菜市场已经走在了全国许多菜市场的前面。比如，天津梅斌做的河东区大直沽菜市场，我做的河北区中山路菜市场等等。特别是做出了"菜市场文化"的中山路菜市场二楼的"菜市场博物馆"，是在天津社会科学院历史所原所长、资深研究员，长期从事中国历史和天津历史研究的罗澍伟老先生的指导下完成的，这里要特别感谢他。

写这本书时我60岁已过，而且文化水平又极其有限，正如我对女儿所说："我从来没有老过，这是'第一次老'，没有经历与经验。在老的过程中，有对与不对的地方，多多包涵。"同样，这也是我第一次写书出书，有不妥之处，还望大家谅解。

不久以后，天津市乐乐菜市场——滨海古林店，将带着数据、带着智能、带着美感、带着艺术、带着幸福与快乐，为古老而现代且充满活力的天津市再添魅力一景。

王乐然

2023年12月

塞翁失马 焉知非福

人生不是要有一次说走就走的旅行
而是每年要有多次说走就走的旅行

河西区中国（天津）乐乐菜市场　　　　河西区美丽的菜市场三水道店　　　　河北区王串场社区菜市场